PAUL FRANÇOIS DUPONT

TRAITÉ

THÉORIQUE ET PRATIQUE

DES

ACTIONS POSSESSOIRES

Elibron Classics
www.elibron.com

Elibron Classics series.

ISBN 1-4212-2495-X (paperback)
ISBN 1-4212-2494-1 (hardcover)

This Elibron Classics Replica Edition is an unabridged facsimile of the edition published in 1869 by Paul Dupond, Paris.

TRAITÉ

THÉORIQUE ET PRATIQUE

DES

ACTIONS POSSESSOIRES

PARIS. — IMPRIMERIE ADMINISTRATIVE DE PAUL DUPONT
Rue Jean-Jacques-Rousseau, 41 (Hôtel des Fermes).

TRAITÉ

THÉORIQUE ET PRATIQUE

DES

ACTIONS POSSESSOIRES

PUBLIÉ SOUS LA DIRECTION

DE M. PAUL DUPONT

Député au Corps législatif, officier de la Légion d'honneur

PARIS

IMPRIMERIE ET LIBRAIRIE ADMINISTRATIVES DE PAUL DUPONT

Rue Jean-Jacques-Rousseau, 41 (Hôtel des Fermes)

—

1869

TRAITÉ

THÉORIQUE ET PRATIQUE

DES

ACTIONS POSSESSOIRES

Toutes les actions possessoires, les dénonciations de nouvel œuvre, les complaintes, les actions en réintégrande, fondées sur des faits commis dans l'année, sont, à charge d'appel, de la compétence des juges de paix (Loi du 25 mai 1838). Le but, la nature et le caractère de ces actions sont expliqués dans le cours de cet ouvrage.

CHAPITRE PREMIER.

Importance des actions possessoires. — Historique : droit ancien, droit moderne. — Législation des actions possessoires. — Quelles sont les actions possessoires que l'on peut exercer sous le droit nouveau : complainte, nouvel œuvre, réintégrande.

1. La *propriété* est un des droits principaux de l'homme en société.

Le droit de propriété et le droit de succession sont la base des sociétés, le lien qui unit le présent au passé et à l'avenir, la principale garantie de l'existence et de la durée des sociétés.

2. La propriété, le droit de propriété, se manifeste, s'affirme principalement par la *possession*. C'est en possédant par soi-même ou par autrui que l'on fait principalement usage du droit de propriété.

Et non-seulement la possession est le principal moyen d'user de la propriété, mais c'est un moyen d'acquérir le droit de propriété. La propriété s'acquiert par une possession de trente ans (C. Nap. 2262), même, dans certaines conditions, par une possession de dix ans (C. Nap. 2265). Un temps beaucoup plus court suffit pour acquérir la propriété des meubles (C. Nap. 2279, 2280).

3. Le droit de propriété étant l'une des principales bases de la constitution et de la durée des sociétés, et la propriété s'affirmant surtout par la possession, il était de la plus haute importance de garantir de tout trouble la possession bien établie ou, du moins, de faire cesser presque instantanément le trouble, et c'est le but que l'on s'est proposé par l'institution des *actions possessoires*.

4. Pour arriver à ce but, il fallait de toute nécessité : 1° arrêter tout effet de dépossession violente par une prompte répression ; 2° fonder le droit de posséder ou de continuer de posséder sur le fait de la possession même, jusqu'à preuve ultérieure d'un droit de propriété contraire ; 3° placer le possesseur à portée du juge et d'une très-prochaine décision, afin que la possession fût le moins longtemps possible incertaine.

A cet effet, on a divisé les actions, au point de vue du droit de propriété et de possession, en actions *pétitoires* et en actions *possessoires*.

5. L'action *possessoire* est celle que la loi accorde au possesseur d'un immeuble ou d'un droit réel, tel qu'une servitude, afin d'être maintenu dans sa possession lorsqu'il y est troublé, ou afin d'y être rétabli lorsqu'il a été dépossédé. Cette action a donc uniquement pour objet la *possession*, ce qui la distingue de l'action *pétitoire*, qui a pour but de faire statuer sur la propriété même de l'objet litigieux.

Il suit de là que le demandeur au possessoire, qui se trouve dans les conditions déterminées par la loi pour l'exercice de l'action, n'a à faire preuve que de sa possession et du fait de dépossession dont il a été victime ; il peut donc obtenir une prompte décision.

6. Il est aussi à la portée du juge, car c'est au juge de paix, au juge du canton, qu'a été déférée la connaissance des actions possessoires.

Nous avons eu déjà l'occasion de signaler l'importance et l'étendue des attributions des juges de paix. Au nombre de leurs attributions judiciaires, qui embrassent toutes les espèces d'actions personnelles et mobilières, et auxquelles par conséquent échappent à peine quelques parties exceptionnelles du droit des obligations, est venue s'ajouter la connaissance des actions possessoires, qui applique leur compétence et leur juridiction aux plus graves questions de la propriété immobilière. Et comme, ainsi que nous l'avons fait observer, la possession par soi-même ou par autrui est la première affirmation, l'affirmation la plus énergique du droit de propriété ; comme il ne peut pas y avoir d'ordre, de régularité et de stabilité dans le droit de propriété si la répression ne suit pas immédiatement le trouble injustement apporté à la possession, il en résulte que le juge de paix, gardien de la possession, est en même temps gardien de la propriété.

7. Partout où le droit de propriété a été bien établi, on a reconnu la nécessité de garantir la possession de toute atteinte violente ou même non régulièrement justifiée.

A Rome, dès les premiers temps du droit, le privilége de la possession et du possesseur fût reconnu et consacré. Non pas, toutefois, que l'on accordât alors au possesseur l'exercice d'une action particulière, mais, dans les actions en revendication de la propriété, le juge devant lequel l'action était portée devait examiner d'office quelle était, des deux parties, celle qui possédait, afin de lui adjuger la jouissance provisoire pendant l'instruction de l'affaire et jusqu'au jugement. Cette espèce d'avant-faire droit, sous la forme duquel se présentent les premiers débats possessoires, avait reçu le nom de *Vindiciæ*.

C'est à propos d'une irrégularité dans le prononcé de ces vindices qu'éclata l'une des grandes révolutions de Rome. Un des clients d'Appius Claudius ayant revendiqué Virginie comme son esclave, et le chef des décemvirs lui ayant adjugé les vindices, contre la règle qui, exceptionnellement à la préférence accordée au possesseur, voulait qu'elles fussent toujours prononcées en faveur de la liberté, le père de la jeune fille saisit un couteau sur l'établi d'un boucher qui se trouvait près du tribunal, et la frappa pour la soustraire au déshonneur ?

8. Mais quand les *actions de la loi* furent remplacées par la procédure des *formules*, c'est-à-dire pendant tout le bel âge de la jurisprudence romaine, la possession commença à se détacher de la propriété. Elle conquit sa place dans la législation ; elle marcha escortée de ses actions propres, qui reçurent le nom d'*interdits possessoires*.

9. Ou distinguait, à Rome, deux interdits possessoires principaux : l'interdit *uti possidetis*, et l'interdit *indè vi*.

Le premier, que l'on appelait aussi interdit *retinendæ possessionis*, se donnait à celui qui avait été troublé dans sa possession, mais sans avoir été dépossédé entièrement. Le plaignant obtenait par là de faire constater sa possession, avec défense à son adversaire de le troubler désormais. Remarquons ici, dit M. Bélime, qui nous paraît, de tous les auteurs, avoir le mieux saisi la théorie du droit romain sur les actions possessoires, et auquel nous empruntons tous les détails, une différence capitale entre le droit romain et le nôtre, différence qui, négligée des anciens interprètes, a été la cause de tant de méprises. C'est que le droit romain ne connaissait pas la possession annale. Il maintenait toujours le possesseur actuel, quand même sa possession n'aurait daté que d'un jour. *Uti possidetis : interdicto is vincebat qui interdicti tempore possidebat* (1). La possession était donc véritablement un fait de faveur extrême chez les Romains : elle ne laissait aucun droit derrière elle, lorsqu'un tiers usurpait la chose. C'était pour cela que l'interdit *uti possidetis* n'avait lieu que pour simple trouble, parce que, si le possesseur avait été privé, dépossédé de la chose, c'était à son adversaire que l'interdit appartenait désormais.

10. Il y avait cependant un cas, dans le droit romain, où celui qui avait été dépossédé pouvait se faire rendre la possession, c'é-

(1) *Instit. des interd.*, § 4.

tait le cas de violence. Le Préteur accordait l'interdit *undè vi* à celui qui avait été déjeté violemment de son héritage, et le droit à l'exercice de cette action durait un an, à partir de la dépossession, comme dans notre droit. L'action *undè vi* était vraiment *recuperandœ possessionis*, puisque le dépossédé se faisait restituer une chose qui était actuellement détenue par son adversaire.

11. Au nombre de plusieurs autres interdits ou défenses de trouble, qui se donnaient dans des cas et pour des objets spéciaux, nous devons signaler encore l'action désignée sous le nom de *nuntiatio novi operis* ou *dénonciation de nouvel œuvre*, qu'on a essayé de naturaliser dans notre jurisprudence, non toutefois sans en pervertir gravement les principes.

La dénonciation du nouvel œuvre, dit encore M. Bélime, que nous continuons à suivre dans cet exposé du droit romain, n'a jamais été une action possessoire ni même une action.

Elle ne consistait que dans une défense de passer outre faite par la partie elle-même, sans l'intervention d'aucun magistrat, à celui qui, par des ouvrages, soit constructions, soit démolitions, soit excavations, attentait à sa propriété.

Elle avait pour effet de constituer l'adversaire en faute, s'il ne suspendait pas à l'instant ses travaux. Celui-ci avait le droit, à la vérité, de se pourvoir par l'interdit *de remissionibus* pour faire lever par le magistrat la défense qui lui était faite ; mais s'il continuait ses ouvrages sans autorisation, tout ce qu'il faisait était de plein droit *pro non jure facto*. En sorte que, sans examiner au fond si les travaux avaient été exécutés avec ou sans droit, le juge en ordonnait la destruction, uniquement parce qu'ils avaient été continués au mépris de la dénonciation du nouvel œuvre. Le dénonçant avait, dans ce but, un interdit *restitoire* (1). La *nuntiatio novi operis* n'avait donc d'effet que pour l'avenir. Il eût été trop injuste de faire détruire ainsi les travaux faits auparavant, sans entrer dans l'examen du droit des parties. Aussi celui qui dénonçait le nouvel œuvre devait-il prendre ou faire prendre la mesure exacte de l'état des ouvrages au moment de la sommation, afin que l'on sût ce qui devait être détruit, le cas échéant.

(1) L. 21, § 1, *De op. nov. nunc*, ff.

12. Mais est-ce à dire que, faute de dénonciation du nouvel œuvre, on fût dans l'impossibilité d'en faire ordonner la destruction, si ce n'est en se pourvoyant au fond par action pétitoire ? En d'autres termes, y avait-il, en pareil cas, comme on l'a prétendu, déchéance du possessoire ? Ceci est important, parce qu'on a précisément voulu s'autoriser du droit romain pour faire prévaloir ce système dans notre jurisprudence. Or, il est certain, au contraire, que, même quand les travaux étaient terminés, et terminés sans dénonciation de nouvel œuvre, celui qui avait omis de faire la dénonciation avait encore l'interdit *quod vi aut clàm* pour en réclamer la destruction.

Seulement, il y avait une différence essentielle à noter entre les deux cas : quand la dénonciation avait eu lieu, le demandeur n'avait rien de plus à prouver que cette dénonciation même, pour faire démolir ce qui avait été fait postérieurement ; quand elle n'avait pas eu lieu, il était obligé d'établir que les travaux avaient été pratiqués contrairement à sa possession.

Mais on le voit, l'omission de la dénonciation de nouvel œuvre, mesure de précaution entièrement facultative, n'entraînait aucune fin de non-recevoir contre l'emploi des voies possessoires.

13. Tels étaient les principes généraux des interdits possessoires dans le droit romain. Ces sortes d'actions, comme toutes celles d'origine prétorienne, étaient communément annales. Justinien, cependant, introduisit sous ce rapport une innovation grave, en décidant que l'interdit *undè vi* durerait trente ans.

14. Mais ce qu'il faut bien remarquer, c'est que le délai d'un an ne s'appliquait qu'à l'action, qui devait, à peine de déchéance, être formée dans l'année ; il ne concernait pas la possession elle-même. On ne peut trop redire que le droit romain ne connaissait pas la possession annale. Il ne s'attachait qu'au fait actuel, qu'il jugeait digne de protection. Ce n'est que plus tard et dans le moyen âge que la saisine possessoire s'est introduite dans nos lois.

15. Nous avons dû, en tête de ce traité, indiquer les dispositions du droit romain qu'il nous importe de connaître relatives aux interdits ou aux actions possessoires.

Les mêmes dispositions furent adoptées par le droit canonique, et même une décrétale d'Innocent III, en date de 1216, voulut que l'interdit *undè vi*, au lieu d'être personnel, comme sous la loi romaine, atteignît le tiers détenteur à qui la chose aurait été transmise par l'auteur de la violence : c'est alors que fut formulée la maxime : *Spoliatus ante omnia restituendus.*

16. Dans les premiers temps du droit français, les actions possessoires paraissent avoir été complétement ignorées ; le juge était appelé à prononcer en même temps sur le droit de possession et sur le droit de propriété, et la nécessité de recourir ainsi à de dispendieuses et éternelles procédures amenait souvent des voies de fait entre les plaideurs, qui se trouvaient dépossédés sans pouvoir se faire rendre justice. Ce fut une ordonnance de Charles VII, de 1446, qui la première posa le principe de la séparation du possessoire et du pétitoire.

17. Les actes législatifs qui depuis, et jusqu'à 1790, ont réglé la matière des actions possessoires, sont la coutume de Paris et l'ordonnance de 1667.

D'après les articles 96 et suivant de la coutume de Paris, « tout « possesseur d'un héritage, d'un droit réel, ou d'une universalité de « meubles, troublé dans sa possession, pouvait intenter l'action « en complainte, *en cas de saisine et de nouvelleté dedans l'an et « jour du trouble* ».

L'ordonnance de 1667, dans son titre 18, reproduisit cette disposition, « autorisa celui qui aurait été dépossédé par violence « ou voie de fait à demander la réintégrande par action civile et « ordinaire, ou extraordinairement par action criminelle », et ajouta : « Que les demandes en complainte et en réintégrande « ne pourraient être jointes au pétitoire, et que celui contre le« quel la complainte ou la réintégrande aurait été jugée ne serait « admis à former sa demande au pétitoire qu'après que le trouble « aurait cessé et celui qui aurait été dépossédé rétabli dans sa « possession ».

18. La loi du 24 août 1790 attribua « aux juges de paix la con« naissance de toutes les actions possessoires, sans appel jusqu'à « la valeur de 50 francs et à charge d'appel à quelque valeur que « la demande pût monter »

19. La loi du 26 octobre 1790, titre Ier, article 4, disposa que ces actions « seraient portées devant le juge de la situation de l'objet « litigieux. »

20. Il n'existe dans le Code Napoléon qu'une seule disposition relative aux actions possessoires : c'est celle de l'article 2060, qui « autorise à prononcer la contrainte par corps en cas de réinté- « grande et de délaissement ordonné par justice d'un fonds dont le « propriétaire a été dépouillé par voie de fait, pour la restitution « des fruits qui en ont été perçus pendant l'indue possession et « pour le payement des dommages et intérêts adjugés au pro- « priétaire ». (La contrainte est supprimée en matière civile. L. 15 avril 1867.)

21. Jusqu'à la promulgation du Code de procédure, les dispositions sur les actions possessoires étaient restées à peu près ce qu'elles étaient dans le droit romain ; notamment, aucun délai, à partir du trouble, n'était fixé pour l'exercice de l'action. Cependant la jurisprudence avait établi, ainsi que nous l'apprend l'orateur du Tribunat (motifs du livre Ier du Code de procédure civile), que « celui qui voulait former l'action possessoire devait être depuis « un an au moins en possession *continue non interrompue, pai- « sible, publique, non équivoque*, de la chose objet de l'action et « *à titre de propriétaire* ». C'est donc par l'article 23 du Code de procédure civile que, pour la première fois, a été imposée, par une disposition législative, aux demandeurs au possessoire, la condition « d'être, *depuis une année au moins*, en possession paisible, par « eux et les leurs, à titre non précaire ».

Il est, au reste, à remarquer que le titre consacré aux actions possessoires manquait absolument dans le projet de Code de procédure, et qu'il n'y fut ajouté que sur la demande du Tribunat. Quant aux explications dont ce titre fut l'objet de la part de l'orateur du conseil d'État et de celui du Tribunat, ils ne firent que développer les dispositions si laconiques du Code de procédure civile sur le caractère de la possession et sur la défense de cumuler le possessoire et le pétitoire ; il n'y fut pas dit, notamment, un seul mot de la *réintégrande*.

22. Aux dispositions du Code de procédure succédèrent celles de

la loi du 25 mai 1838, dont l'article 6 est ainsi conçu : « Les juges « de paix connaissent à charge d'appel : — 1° des entreprises « commises dans l'année sur les cours d'eau servant à l'irrigation « des propriétés et aux mouvements des usines et moulins, sans « préjudice des attributions de l'autorité administrative dans les « cas déterminés par les lois et par les règlements ; des *dénoncia-* « *tions de nouvel œuvre, complaintes, actions en réintégrande et* « *autres actions possessoires fondées sur des faits également com-* « *mis dans l'année* ; — 2° des actions en bornage et de celles rela- « tives à la distance prescrite par la loi, les règlements particuliers « et l'usage des lieux, pour les plantations d'arbres ou de haies, « lorsque la propriété ou les titres qui l'établissent ne sont pas « contestés ; — 3° des actions relatives aux constructions et tra- « vaux énoncés dans l'article 674 du Code civil, lorsque la propriété « ou la mitoyenneté du mur ne sont pas contestées. »

Nous avons relaté ces trois séries de dispositions de l'article 6 de la loi du 25 mai 1838, parce qu'elles comprennent la compétence tout entière des juges de paix relativement aux droits réels et immobiliers : la compétence à l'égard des actions possessoires, nouvel œuvre, complainte et réintégrande, y est, comme on l'a vu, formellement exprimée.

23. Comme on le voit, la distinction entre le droit de possession et le droit de propriété, ou plutôt, entre le droit d'être maintenu en possession ou de faire cesser le trouble apporté à la possession et le droit de propriété, a été reconnue dès les premiers temps du droit romain. Aussitôt que la loi romaine a été perfectionnée, l'action, l'interdit possessoire s'est trouvé séparé de l'action en revendication de l'action pétitoire. De même, sous le droit canonique, de même sous le droit francais ancien, aussitôt que le progrès s'est introduit dans la législation française, on a adopté pour règle que le possesseur devait avant tout être protégé contre la spoliation, être rétabli dans sa possession, du moins lorsque cette possession était revêtue de certains caractères, et même, dans le cas de dépossession violente, on a admis le droit d'action en réintégrande sans exiger que la possession du demandeur eût aucun des caractères de durée, de publicité ou autres exigés pour l'action en complainte.

24. Cependant des objections ont été faites contre l'admission

dans la législation des actions possessoires. Ces objections sont résumées dans un rapport sur la statistique de la justice civile, lu à l'Académie des sciences morales et politiques, les 20 février et 18 juin 1835 (Ier vol. des Mémoires de l'Académie des sciences morales et politiques) par M. Bérenger de la Drôme, qui fut depuis président de chambre à la cour de cassation.

« Nous tenons particulièrement des Romains, dit M. Bérenger dans son rapport, une distinction qui, pour la plupart des actions réelles, a trouvé place dans notre Code, sans cependant y conserver la même précision, et qui consiste à séparer constamment ce que les légistes appellent le *possessoire* et le *pétitoire*.

« Par l'effet de cette distinction, on est obligé de parcourir les divers degrés de juridiction pour faire décider quelle sera celle des parties qui possédera l'objet du litige pendant la poursuite du procès principal, c'est-à-dire pendant l'instance qui aura lieu pour faire juger à qui, en définitive, appartiendra la propriété. Ce mode de procéder nécessite deux procès pour le même objet. De là se sont élevés des doutes sur l'utilité de cette double action. On se demande si elle n'est pas pour nous l'effet d'un vieux préjugé, s'il ne serait pas plus simple de laisser la possession à celui qui jouit et de plaider sur-le-champ au principal. On réduirait ainsi le litige à un seul procès et on éviterait une foule de formalités qui, sur ce point comme sur beaucoup d'autres, ne sont réellement profitables qu'aux agents judiciaires ; et, lorsque quelques mesures conservatoires seraient jugées utiles, soit pour empêcher que l'état des chores ne fût changé ou modifié, soit pour autoriser en certains cas la continuation du nouvel œuvre, soit dans les circonstances très-rares où la propriété elle-même ne reposerait avec certitude sur la tête de personne, il y serait pourvu par des dispositions simples et d'exécution facile, qui seraient confiées au juge du pétitoire.

« La ligne qui sépare les deux actions, pétitoire et possessoire, est souvent si imperceptible qu'il est très-difficile au magistrat le plus exercé de la discerner ; de là tant d'erreurs sur la compétence, erreurs qui, au lieu de deux procès dont nous nous plaignions tout à l'heure, en exigent habituellement un troisième, celui devenu nécessaire pour fixer la juridiction.

« Voyez dès lors quelle surcharge d'affaires pour les tribunaux !

C'est à la statistique à rectifier nos idées sur les avantages ou les inconvénients de ce système. Nul doute que, si les recherches sont dirigées vers cet objet, on ne reconnaisse que le nombre de procès auxquels donne lieu l'exercice des actions possessoires ne soit immense et comparativement hors de toute proportion avec l'exercice des autres natures d'actions.

« Les fonctions de juge de paix en deviennent très-délicates à remplir : cependant ils ne sont placés si près des populations qu'afin de pourvoir à ceux de leurs besoins qui sont les plus faciles à satisfaire : exiger d'eux au delà des lumières les plus naturelles, c'est se tromper sur le but de leur institution. »

Telles sont les objections de M. Bérenger contre la séparation du possessoire et du pétitoire. Quoique énoncées sous les formes du doute, elles laissent assez entrevoir que son opinion est formée, et cette opinion est radicale, car elle ne tend à rien moins qu'à éliminer de nos lois l'action possessoire, comme une institution surannée, comme une complication inutile, une superfétation, et à ne laisser subsister que l'action pétitoire, à laquelle il suffirait d'apporter quelques légers changements.

25. La plupart des auteurs qui se sont occupés des actions possessoires ont repoussé ce système, et victorieusement combattu les arguments sur lesquels elle repose. Voici, notamment, comment M. Bélime y répond :

« Que voit-on chaque jour dans les campagnes ? Une borne est arrachée, quelques sillons sont envahis. Il suffit d'une citation au possessoire et d'une descente sur les lieux pour qu'en peu de jours, sans beaucoup de frais, l'usurpation soit réprimée et que les choses aient repris leur cours accoutumé. Au lieu de cela, que nous amènerait le système de M. Bérenger ? Il faudrait que l'habitant des campagnes fît un premier voyage à la ville pour constituer un avoué ; il en faudrait un second le jour de l'appel de la cause, peut-être un troisième et un quatrième en cas de remises. Qui conduirait pendant ce temps la charrue ? Ce n'est pas tout : comme, dans ces sortes de contestations, il est souvent impossible de bien juger sans voir les lieux, le tribunal s'y transporterait-il ou enverrait-il une commission rogatoire au juge de paix de la situation de l'immeuble ? On voit dans quel dédale de difficultés jetterait cette prétendue fusion de la complainte et de l'action en revendication, et si elle aurait pour effet de simplifier réellement la procédure !

« Pour moi, je ne serais pas étonné que ce changement de juridiction amenât une autre conséquence : c'est que les parties, peu jalouses de se déranger pour aller faire connaissance avec les officiers judiciaires des villes, ne prissent la funeste habitude de se faire justice à elles-mêmes, de repousser les voies de fait par des voies de fait, et de répondre aux usurpations par des représailles. Telle était sans doute la pensée de l'Assemblée constituante, quand elle rangeait les actions possessoires dans le cercle de la compétence des juges de paix. Elle savait que rien n'est mieux fait pour diminuer le nombre des agressions extralégales que la certitude d'obtenir une justice prompte et facile. C'est pour cela qu'elle plaçait le juge de paix au sein même des populations agricoles, pour que le remède fût à la portée du mal, idée salutaire dont il ne faut pas méconnaître la sagesse pour se lancer dans des expériences dont rien n'indique que le résultat serait avantageux. »

26. L'opinion que nous avons formulée plus haut sur l'importance des attributions des juges de paix en matière de possessoire, indique assez combien nous repoussons aussi toute pensée de leur enlever la connaissance de ces actions, et de forcer les propriétaires ou possesseurs à recourir, pour le moindre trouble, à la juridiction des tribunaux de première instance. La juridiction du tribunal de paix est la plus simple et la moins dispendieuse de toutes ; le tribunal est placé à la portée des justiciables ; l'essai en conciliation sur billets d'avertissement, qui doit précéder toute citation, procure aux parties, si un accord est possible entre elles, les moyens d'éviter même les simples frais à exposer devant le tribunal ; l'expérience et la statistique judiciaire de chaque année démontrent de quels immenses résultats les tentatives de conciliation sont suivies ; il ne peut donc s'élever le moindre doute sur le bienfait de la division des actions immobilières en actions possessoires et en actions pétitoires. L'action possessoire est la sauvegarde de la possession et du bon ordre nécessaire à l'exercice et à la garantie du droit de propriété.

CHAPITRE II.

De la nature et du caractère de l'action possessoire. — Ce qui distingue l'action possessoire de l'action pétitoire. — Faits qui peuvent donner lieu à l'action possessoire. — Des différentes espèces d'actions possessoires.

27. Nous avons déjà signalé les différences radicales qui existent entre l'action pétitoire et l'action possessoire, celle-ci n'ayant pour but que de faire maintenir ou réintégrer le demandeur dans la possession de la chose litigieuse, sans rien préjuger sur le point de savoir si cette chose est sa propriété, tandis que, dans l'action pétitoire, c'est le droit de propriété qui est l'objet du litige.

28. Le signe le plus certain auquel on puisse reconnaître une action possessoire, c'est que la demande ait pour objet la maintenue ou la réintégration du demandeur en possession, et qu'elle soit basée sur la possession même. Quelques exemples tirés de la jurisprudence de la Cour de cassation feront bien comprendre la nature et les conditions de l'action possessoire et ce qui la différencie de l'action pétitoire.

29. Est pétitoire l'action par laquelle le demandeur requiert d'être réintégré dans la *propriété* d'un terrain usurpé sur lui ; et l'action conserve ce caractère, encore bien qu'elle soit dirigée contre un fermier, et suivie de la mise en cause du propriétaire, et que celui-ci déclare ne vouloir prendre aucune part à la contestation. On objecterait en vain le défaut de qualité du fermier pour défendre au pétitoire. La déclaration du propriétaire ne saurait faire perdre à l'action sa qualité primitive, si d'ailleurs le demandeur persistait dans ses premières conclusions. Cass., 3 octobre 1810..

30. La demande tendante à être réintégré en la *propriété* et *jouissance* d'un terrain, dans lesquelles propriété et jouissance le demandeur a été troublé depuis moins d'un an, contient tout à la fois un chef de conclusions pétitoires et un autre relatif au posses-

soire : dans ce cas, le juge de paix doit statuer sur celui-ci, sans s'occuper de celui-là. Cass., 30 janv. 1837, et 6 avril 1841.

31. Lorsque la partie défenderesse à l'action possessoire prétend que le terrain sur lequel a eu lieu le fait qui a donné naissance à cette action fait partie de sa propriété, et non de celle de son adversaire, et lorsque celui-ci, sans offrir de prouver qu'il a la possession réelle et annale du terrain litigieux, possession que le défendeur lui dénie, se borne à soutenir que ce terrain est compris dans son titre, la contestation, réduite à ces termes, offre à juger non une action possessoire, mais une action pétitoire, la demande et la défense étant basées non sur des faits de possession, mais sur l'interprétation de titres de propriété. Le juge de paix doit par conséquent renvoyer les parties à se pourvoir au pétitoire. Cass., 12 avril 1813.

32. L'action ne cesserait pas d'être possessoire, bien que la citation, dans ses *motifs*, manifestât les prétentions du demandeur à la propriété de la chose litigieuse, si les conclusions, qui seules déterminent la compétence, étaient exclusivement relatives à la possession (Cass., 30 nov. 1818) ; et même si le complaignant avait motivé sa demande en maintenue, non-seulement sur sa possession, mais encore sur son droit de propriété. Cass., 1er mars 1819.

33. Le demandeur pourrait d'ailleurs, en supposant qu'il eût conclu en même temps sur la maintenue de possession et sur le droit à la propriété, régulariser ses conclusions à l'audience.

34. Une action possessoire ne change pas de nature, quels que soient le moyens invoqués par le défendeur pour la repousser. — Ainsi elle reste possessoire, bien que le défendeur se prétende propriétaire du terrain sur lequel ont eu lieu les actes qualifiés trouble, ou qu'il se prétende fondé en titre à exercer de tels actes. Une décision contraire conduirait à rendre nul l'avantage de la possession, et à neutraliser les actes possessoires ; il suffirait, pour écarter ceux-ci, d'alléguer qu'on n'est fondé en titre à agir comme on l'a fait. Cass., 10 juin 1816, 9 fév. 1820, 23 fév. 1824.

35. Lorsque, sur l'action *pour dommages aux champs et, au besoin, en complainte*, le défendeur prétend avoir agi sur l'ordre

du maire de la commune, si celui-ci, appelé en garantie, dénie la possession du demandeur, invoque au contraire la propriété et possession de la commune, et demande un sursis pour la faire autoriser à plaider, il résulte de ces conclusions respectives une action possessoire et non une simple action pour dommages aux champs. Cass., 18 janv. 1832.

36. Il a été jugé que, lorsque des terrains indivis entre plusieurs particuliers, et sur lesquels ils exerçaient en commun un droit de parcours, ont été partagés entre eux, et lorsque quelques-unsdes copartageants ayant enclos leurs lots, sont poursuivis pour ce fait, par action possessoire, à la requête d'un des copartageants, auquel ils opposent l'acte de partage précédemment intervenu, le juge de paix peut se déclarer incompétent pour statuer sur cette action, en se fondant sur ce qu'elle présente à juger plutôt une question de propriété qu'une question de possession (Cass., 29 juin 1824). Cette décision ainsi conçue peut paraître trop absolue. Il y aurait eu lieu, selon nous, de considérer le copartageant qui intentait l'action possessoire comme invoquant et pouvant invoquer une possession exclusive d'an et jour, car le partage par lui-même n'étant qu'un titre de propriété, ne pouvait servir de base à une action possessoire.

CHAPITRE III.

De la complainte. — Faits qui peuvent particulièrement donner lieu à la complainte. — Trouble en cas de bornage; préjudice. — Trouble de fait; trouble de droit.

37. La *complainte* est l'action possessoire exercée, dans les conditions ordinaires, par celui dont la possession est consacrée à la fois, par la bonne foi, par la solidité et par la durée, c'est-à-dire est depuis an et jour continue, non interrompue, paisible, publique, non équivoque et à titre de propriétaire.

Relativement à l'objet du trouble, la *complainte* peut se diviser en *complainte proprement dite*, et en *dénonciation de nouvel œuvre*.

La *complainte proprement dite* a pour objet des travaux faits ou un trouble apporté sur le terrain même du demandeur au possessoire.

38. La *dénomination de nouvel œuvre* est l'action intentée contre celui qui a entrepris sur son propre terrain des travaux d'où résulte ou doit résulter un préjudice pour le plaignant.

39. Il ne suffit pas qu'un fait porte atteinte au droit de propriété, même au droit de possession, pour qu'il donne lieu à une action possessoire, il faut que le possesseur soit empêché, ou du moins menacé dans sa possession même, que le trouble soit tel que l'intention de celui qui le cause, d'exercer un droit à la possession ou à la propriété, soit manifeste. Ainsi, le fait d'avoir coupé et enlevé un arbre sur le terrain d'autrui ne saurait servir de fondement à l'action possessoire si l'auteur de l'enlèvement ne prétendait pas avoir par ce fait exercé un acte de propriété sur le terrain lui-même. Il en serait autrement si l'arbre avait été enlevé comme se trouvant planté sur un champ ou sur un talus à la propriété duquel prétendrait celui qui l'a fait arracher.

40. De même, un voisin passerait *accidentellement* avec ses chevaux et voitures sur la propriété de son voisin, celui-ci pourrait être admis pour ce fait à intenter une action en dommages-intérêts, mais non une action possessoire; tandis que si le voisin prétendait à un droit de passage, si de ses actes il résultait que la prétention serait telle, l'action en trouble ou en complainte serait fondée.

41. M. Bélime, dans son Traité sur les actions possessoires, examine quel est dans ces divers cas le caractère de l'action, et quelles règles de compétence doit suivre le juge de paix, lorsqu'une demande pour cause de trouble est portée devant lui avec demande en dommages-intérêts sous forme d'action possessoire, et que, dans le cours de l'instance, le défendeur renonçant à toute prétention de droit de propriété ou de possession, le caractère de l'action change, et le juge de paix ne se trouve plus compétent.

« On doit réputer trouble de possession, dit cet auteur, tout acte emportant prétention à la propriété ou à un droit de servitude. — En effet, quel que soit un fait de jouissance, qu'il soit resté dans l'ombre ou qu'il se soit produit avec éclat, cet empiétement, si insuffisant qu'on le suppose pour faire acquérir la possession de son auteur, prend de la gravité quand celui qui l'a commis soutient avoir eu le droit de le faire comme propriétaire de la chose. Il n'est plus permis de mépriser comme insignifiant un acte qui révèle une prétention aussi inquiétante. En mettant même de côté le fait qui aura occasionné la plainte, le juge devant qui les parties se dénient réciproquement la possession est suffisamment saisi par ce débat de la question possessoire qu'il n'est pas maître de ne pas trancher. En sorte qu'on peut dire avec vérité que toute entreprise, lors même qu'elle n'aurait causé aucun préjudice réel au plaignant, peut devenir la matière d'une action en complainte, par cela seul qu'elle s'annonce comme l'exercice d'un droit, ou qu'elle suscite un conflit sur la possession. Le demandeur a un intérêt légitime à sortir de cet état d'incertitude, car la première attaque, tout inefficace qu'elle était, peut lui en faire craindre de nouvelles, et il lui importe de faire constater sa possession par la justice, avec défense à son adversaire de l'y troubler à l'avenir. Je vais plus loin: quand même il serait prouvé qu'il n'y a eu aucun trouble, ou qu'il n'émane pas de la personne attaquée, si celle-ci répliquait à la demande en prétendant que c'est elle-même qui possède, le procès serait suffisamment engagé. C'est donc bien plus dans l'intention que dans le fait matériel lui-même que gît le caractère du trouble possessoire.

« Mais puisque le même acte peut, suivant l'intention de celui qui le commet, passer pour un trouble de possession ou pour un pur fait nuisible, comment le demandeur fera-t-il pour qualifier sa demande? Ne faut-il pas admettre que l'action possessoire sera régulièrement formée, toutes les fois qu'il sera possible d'interpréter le fait dénoncé à la justice comme un acte de possession? — Sans doute, j'admets que dans ce cas la demande sera bien dirigée, en ce sens qu'aucune faute n'étant à impliquer au plaignant, les frais de citation devront être mis à la charge du défendeur. Mais je n'oserais pas dire que l'action sera toujours possessoire ; je crois au contraire que cela dépendra de la réponse que fera le défendeur. S'il déclare qu'il n'agissait pas *jure domini*, qu'il n'a aucune prétention à répéter des actes semblables, il me répugne de voir une action possessoire là où il n'y a nul débat sur la possession. Mais alors de deux choses l'une : ou bien le fait changeant de place par la nature de la défense ne se trouve plus dans les attributions du juge de paix, cas auquel il doit se dessaisir en réservant toutefois les frais de la citation, qui devront être mis par le tribunal à la charge de la partie qui succombera ; ou bien la demande reste de sa compétence à quelque autre titre, cas auquel il en connaîtra sans qu'il soit besoin d'une nouvelle citation. »

Ces règles nous paraissent devoir être suivies, sauf toutefois que, même dans le cas où le fait n'est pas de la compétence du juge de paix, nous pensons que si le demandeur a dû croire qu'il y avait réellement atteinte à la possession bien établie, reconnue, par exemple, par le défendeur, les frais de l'action doivent être mis à la charge de ce dernier.

42. Statuant sur questions semblables, la Cour de cassation a jugé que, lorsqu'un individu avait détruit par accident la clôture d'une propriété, le propriétaire avait pu agir contre lui, au possessoire, en concluant à être maintenu en la paisible possession de son terrain et au rétablissement de la clôture détruite, sans que le

défendeur eût été fondé à prétendre que, comme il n'avait élevé aucune contestation au droit de possession ou de propriété, la demande formée contre lui ne constituait qu'une action personnelle indéterminée en réparation de dommage, laquelle excédait la compétence des juges de paix (Cass., 16 avril 1833). — Et pareillement que le simple fait d'avoir passé avec voiture dans la cour d'un individu, constituait un trouble à la possession, de la compétence du juge de paix, bien que la propriété et la possession du demandeur ne fussent pas contestées (Cass., 21 avril 1834). — Or, dans la seconde espèce soumise à la Cour de cassation, celle à laquelle a donné lieu le passage en voiture par la cour du demandeur au possessoire, celui-ci avait pu croire, avant les explications données, qu'on en voulait à la possession : mais dans la première espèce, il s'agissait d'un accident ; c'est par accident que la borne avait été détruite. Le demandeur au possessoire n'avait donc aucun motif de croire que son droit de possession ou de propriété fût attaqué ou qu'il en pût être compromis ; il semble donc qu'il n'y avait pas lieu à déclarer l'action possessoire bien intentée; aussi la Cour, dans son arrêt, ajoute-t-elle comme second motif: que ni devant le juge de paix, ni devant le tribunal d'appel, le défendeur n'avait proposé le moyen sur lequel il fondait son pourvoi.

43. Le fait d'un laboureur qui contournerait sur le terrain du voisin en labourant son champ avec sa charrue, ne donnerait pas lieu à complainte ; il n'en résulterait qu'une action pour dommage causé aux récoltes, à moins que le fait, plusieurs fois répété, ne signalât, de la part du laboureur, une prétention à la propriété de la partie du champ sur laquelle porterait l'empiétement.

De même encore, le fait par un propriétaire d'avoir élagué lui-même, au lieu de les faire élaguer par son voisin, les branches avançant sur son fonds, ne serait point un trouble de possession, puisqu'il n'emporterait pas prétention à la propriété des arbres.

44. Mais les plantations d'arbres et de haies faites sans l'observation des distances voulues par les lois ou usages locaux et contrairement aux dispositions de l'art. 671 C. Nap., peuvent donner lieu à l'action possessoire. — Il est même à remarquer que l'art. 6 de la loi du 25 mai 1838, attribue aux juges de paix la connaissance

au pétitoire des actions relatives à la distance des arbres et plantations d'arbres et de haies, lorsque la propriété ou les titres qui l'établissent ne sont pas contestés ; de telle sorte que, dans bien des cas, celui qui serait troublé dans sa possession par des plantations d'arbres ou de haies, n'aurait aucun intérêt à se pourvoir d'abord au possessoire, en vertu de la disposition générale qui attribue au juge de paix le jugement des actions possessoires, à moins toutefois qu'il ne trouvât avantage à se faire maintenir d'abord dans sa possession annale.

45. Le déplacement des bornes peut évidemment donner lieu à l'action possessoire ; il n'y a pas de plus forte atteinte à la possession, même à la propriété.

46. L'action possessoire peut même être intentée pendant des opérations de bornage. Ainsi, il a été jugé que lorsque, sur la sommation extrajudiciaire qui lui a été donnée par son voisin, un propriétaire s'est rendu sur les lieux pour procéder au bornage de leurs héritages contigus, par le ministère d'un géomètre-expert et d'un notaire, s'il arrive que la plantation des bornes soit opérée sur une partie du terrain dont l'assigné a la possession annale, et, nonobstant toutes protestations de sa part, une telle plantation peut être considérée, non comme l'exercice du droit de bornage, autorisé par l'art. 646 C. Nap., mais comme un trouble à la possession annale, et, par suite, donner lieu à une action en complainte. L'art. 646 qui autorise tout propriétaire à obliger son voisin au bornage de leurs propriétés contiguës, n'autorise pas à placer des bornes sur un terrain dont le voisin prétend avoir la propriété et la possession, avant d'avoir fait statuer sur cette question de propriété ou de possession. Cass., 27 août 1829.

47. Si un propriétaire, assigné en démolition d'un mur que l'on prétend construit au delà de la limite de sa propriété, n'articule pas, devant le juge de paix, avoir une possession s'étendant hors de cette limite, la question se réduit à savoir si le mur excède ou non la ligne séparative des héritages des parties ; l'action intentée est une action possessoire, et non une action en bornage. Cass., 27 déc. 1809.

48. Des arbres peuvent être l'objet d'une action en maintenue

possessoire ou en réintégrande, de la part de celui qui les a plantés et entretenus, lorsqu'il se prétend propriétaire du sol : l'action, en cas pareil, étant fondée tout à la fois sur la possession du terrain et sur celle des arbres, n'est pas réputée mobilière, comme si elle ne s'appliquait qu'à des arbres. Cass., 14 nov. 1849. Jay, *Annales, J. P.*, 1850, p. 104.

49. Des arbres considérés même isolément et indépendamment du sol sur lequel ils sont plantés peuvent être acquis par prescription, sans qu'il y ait lieu de distinguer, sous ce rapport, les arbres plantés sur les bords d'un chemin public de ceux qui l'auraient été sur un domaine privé. — Par suite, la possession plus qu'annale de ces arbres peut servir de base à une action possessoire, sans qu'il soit besoin de rechercher si les plantations remontent à une époque où le terrain sur lequel les arbres sont plantés existait à l'état de route nationale. Cass., 23 déc. 1861 ; *ibid*, 1862, p. 305.

50. Tout trouble apporté à la possession légale d'un immeuble autorise l'action possessoire, encore qu'il provienne de l'exécution d'un jugement d'adjudication qui a attribué cet immeuble à l'auteur du trouble : le possesseur, ainsi troublé, n'est pas tenu d'agir au pétitoire par voie de tierce opposition à ce jugement. Cass., 7 fév. 1849 ; *ibid.*, 1re série, t. 1er, p. 114.

51. Une condition essentielle pour qu'il y ait trouble donnant lieu à la complainte, c'est que les faits qui servent de base à la demande causent réellement un préjudice au complaignant, sinon y aurait lieu d'écarter son action pour défaut d'intérêt (Cass., 19 nov. 1812 ; Cass. 6 déc. 1827). Et c'est au juge du fond qu'il appartient de décider s'il y a ou non préjudice : sa décision sur ce point est souveraine.

Jugé de même que les travaux faits par un propriétaire sur son fonds, et même le fonds voisin, ne peuvent donner lieu à aucune action possessoire, si ces travaux ne sont pas de nature à porter préjudice. Cass., 27 août, 6 déc. 1827, et 20 juin 1843.

52. Mais l'action en complainte peut être intentée quoique le trouble apporté à la possession ne cause pas un préjudice actuel ; il

suffit que l'ouvrage objet de l'action soit de nature à nuire dans la suite aux droits de propriété du complaignant.

53. Relativement au trouble qui donne lieu à l'action possessoire, on distingue le *trouble de fait* et le *trouble de droit.*

Le *trouble de fait* est celui résultant d'un fait portant atteinte à la possession, tels que ceux que nous venons de définir; le *trouble de droit* est celui qui résulte d'un acte judiciaire par lequel le droit à la possession est contesté, et la possession elle-même attaquée. Ainsi, un tiers, se prétendant propriétaire d'une maison qui m'appartient, signifie à mon locataire d'avoir à faire en ses mains le payement de ses loyers : c'est évidemment là un trouble apporté à ma possession, même à mon droit de propriété, et, si je suis en jouissance depuis an et jour de l'immeuble loué, je pourrai, pour faire cesser le trouble, intenter contre le tiers une action possessoire.

54. Mais la prétention à un droit sur la propriété d'autrui, qui ne se manifesterait que par des paroles, ou même par des actes ou écrits insignifiants, ne saurait donner lieu de la part du possesseur, à une action en complainte. Si de ces paroles ou écrits résultait un dommage, le possesseur ou propriétaire pourrait bien intenter une action en dommages-intérêts; mais le *trouble* seul à la possession peut motiver une action possessoire.

55. En traitant du trouble de droit, M. Bélime avait prétendu que celui qui vendrait ou hypothéquerait le fonds d'autrui ne pourrait pas être actionné au possessoire par le propriétaire. MM. Dalloz (Répertoire, au mot *Action possessoire*, n° 85) hésitent à admettre cette doctrine : « Si la vente, disent ces derniers auteurs, ou la dation d'hypothèque, et même l'inscription prise en vertu de celle-ci, n'entravent pas matériellement le propriétaire dans sa jouissance, il n'en résulte pas moins une sorte de trouble civil par suite du doute que de semblables actes peuvent faire naître dans l'esprit des tiers. Au reste, M. Bélime reconnaît lui-même que s'il arrivait que l'action en complainte fût intentée, et que celui par qui le fonds du demandeur aurait été vendu ou hypothéqué se défendît en soutenant que c'est à lui qu'appartient la possession, le procès se trouverait, par cette défense même, régulièrement en-

gagé au possessoire. » Quant à nous, nous considérons aussi le fait de vendre ou d'hypothéquer un immeuble appartenant à autrui comme un trouble, et un trouble grave à la possession, même à la propriété. Il est évident que surtout depuis les nouvelles dispositions de la loi du 23 mars 1855 sur la transcription des contrats portant mutation de propriété, le propriétaire ne peut pas souffrir qu'un autre se constitue à lui, par la transcription même, comme exerçant ses droits ; or, par quelle action agira-t-il plus favorablement que par l'action possessoire?

56. MM. Dalloz examinent encore la question de savoir si le possesseur d'un immeuble sommé de le délaisser, en vertu d'un jugement qui en déclare un tiers propriétaire, peut, en alléguant n'avoir pas été partie au jugement, prendre cette sommation pour un trouble et former l'action possessoire. L'affirmative semble aux savants auteurs résulter du principe qu'un jugement ne peut nuire à celui qui n'y a pas été partie ; d'où la conséquence que le possesseur troublé dans sa possession, peut agir en complainte comme si ce jugement n'existait pas. — Telle n'est pas cependant l'opinion de M. Bélime, n° 337, du moins pour le cas où, comme cela arrivera presque toujours, le porteur du jugement prétendra que ce jugement n'est point réellement étranger à la partie qui le repousse, et qu'au contraire elle y a été suffisamment représentée. Celui contre qui l'on poursuit ainsi l'exécution d'une sentence qu'on soutient lui être opposable est, suivant M. Bélime, dans la nécessité, s'il ne veut point y adhérer, d'y former tierce opposition. Mais il semble difficile de se ranger à cet avis ; car, d'une part, il est contredit par les termes mêmes de l'art. 474, C. pr. civ., suivant lequel le recours à la voie de la tierce opposition est purement *facultatif ;* et, d'un autre côté, on ne saurait admettre que la partie qui a la possession annale puisse, sur la seule exhibition d'un jugement dans lequel elle n'est pas nommée, et qu'elle prétend lui être étranger, se trouver tout à la fois privée des avantages du rôle de défenderesse, distraite de ses juges naturels, et contrainte de prendre contre ce jugement une voie de droit dans laquelle elle ne peut succomber sans encourir une amende (C. pr., 479). Telle est l'opinion de MM. Dalloz, tels sont les motifs sur lesquels ils l'appuient : nous ajouterons, et ceci nous paraît plus concluant encore en faveur des droits du posses-

seur, que s'il n'avait d'autre recours que la tierce opposition, il se trouverait par là privé des avantages de sa possession, de ceux attachés à l'exercice même de l'action possessoire. Mais il est bien entendu que, pour qu'il puisse user de la voie de complainte, il faut qu'il n'ait pas été partie au jugement qui a déclaré le tiers propriétaire; c'est ce que le juge de paix aura à examiner et sur quoi il devra prononcer.

57. A propos de trouble ainsi apporté à la possession par une instance judiciaire entre tiers, MM. Dalloz citent un arrêt du parlement de Paris, du 26 juin 1570, duquel il résulterait que celui dont les tiers se disputeraient l'héritage au pétitoire, peut prendre ce fait pour trouble et former contre eux la complainte, auquel cas le tribunal doit surseoir jusqu'après le jugement de l'action possessoire. Cette décision ne paraît pas aux honorables auteurs inconciliable avec l'opinion qu'ils ont précédemment émise, et ils la regardent comme devant être suivie aujourd'hui ; car bien qu'à leur avis le jugement qui interviendrait au pétitoire entre des tiers ne pût être opposé au complaignant, il leur semble néanmoins que la prétention manifestée par ceux-ci à la propriété de l'immeuble qu'il possède, constitue un trouble, un préjudice moral suffisant pour l'autoriser à intenter complainte. Quant à nous, nous croyons qu'au lieu de contredire l'opinion relative à la tierce opposition à laquelle nous avons adhéré, l'arrêt du parlement de Paris ne fait que la fortifier : le complaignant, soit pendant l'instance où l'on se dispute son héritage, soit lorsque le juge a prononcé entre les tiers et adjugé à l'un des contestants ce qui lui appartient, a droit, soit d'intervenir dans l'instance pour demander un sursis, afin d'appeler les tiers au possessoire, soit, après le jugement rendu sans son intervention, d'appeler par action en complainte, pour en empêcher l'exécution contre lui, les tiers qui le lui signifient. C'est toujours l'application du même principe : laisser au possesseur le bénéfice de l'action possessoire.

58. La complainte formée contre une personne est un trouble à sa possession. Aussi est-il d'usage que le défendeur, prenant la citation pour trouble, conclue reconventionnellement à être maintenu dans sa possession.

59. Lorsqu'un particulier se croit lésé dans la jouissance de sa propriété par l'exécution d'une mesure prescrite par l'autorité municipale dans un intérêt de police, il doit se pourvoir, non par action possessoire dirigée contre la commune, mais bien devant l'autorité administrative supérieure. Ainsi, par exemple, lorsqu'il existe sous une rue des canaux souterrains qui, n'ayant pas une étendue suffisante pour conduire les eaux hors de la ville, occasionneraient un amas d'eau incommode et dangereux sur la voie publique, et, lorsque, pour faire cesser cet inconvénient et assainir la rue, le maire a fait fermer l'orifice supérieur des canaux dont il s'agit, s'il arrive que des propriétaires souffrent préjudice du nouveau cours donné aux eaux par cette mesure, c'est à l'autorité administrative supérieure qu'ils doivent recourir pour faire réformer, s'il y a lieu, l'ordre du maire ; l'autorité judiciaire est incompétente pour connaître de la demande en réparation du dommage qui peut résulter d'un acte de police administrative. — On prétendrait à tort que cet acte ne constitue qu'un fait de gestion du domaine communal, et par suite, est de la même nature que celui qu'un particulier ferait sur une propriété privée. Cass., 5 déc. 1842.

60. Jugé d'après les mêmes principes que les riverains propriétaires d'une portion d'un canal navigable sur lequel l'État veut percevoir les droits de navigation qui y ont été établis par une disposition législative, ne peuvent considérer cette perception de droits comme un trouble à leur possession, et en faire le sujet d'une action possessoire. En pareil cas, comme la légalité de l'impôt est en question, le juge de paix ne peut que déclarer son incompétence d'autorité judiciaire. Cass., 30 mars 1841.

61. Et que l'exécution par l'administration de travaux ordonnés par une loi dans un intérêt public, n'a pu donner ouverture à la complainte, alors même qu'elle aurait été rendue sans l'accomplissement des formalités légales. Cass., 29 mai 1845.

61 *bis*. Mais si un maire, agissant non plus comme fonctionnaire de l'ordre administratif, mais comme gérant des affaires de la commune, exerce des actes de maître sur des terrains qui sont en la possession de tiers, et dont la propriété est contestée par ces tiers à la commune, ceux-ci peuvent valablement exercer contre la

commune l'action possessoire. Ainsi, par exemple, le procès-verbal d'un garde champêtre, dressé dans l'intérêt d'une commune, par ordre de son maire, et constatant une prétendue usurpation sur un terrain communal, dont l'auteur prétend avoir la possession annale, peut servir de base à une action en complainte de la part de celui-ci contre la commune. Cass., 1827.

62. Mais le fait par l'administration d'avoir fait placer des bornes et apposer des affiches indiquant les limites présumées d'un ancien chemin vicinal qu'elle se propose de rétablir, ne constitue pas un trouble de nature à donner lieu à complainte de la part du possesseur du terrain; on ne peut voir dans ce fait qu'une mesure ayant pour objet d'avertir les intéressés de l'intention de l'autorité, et de les engager à présenter leurs réclamations, s'ils en ont à faire, à l'administration : c'est à des réclamations de ce genre que doit se borner d'abord le droit du possesseur du terrain sur lequel ont été plantées les bornes, sauf à s'adresser ensuite aux tribunaux, si la fixation définitive du chemin vient à porter atteinte à sa propriété. Cass., 26 déc. 1826.

CHAPITRE IV.

De la réintégrande et des faits qui peuvent donner lieu à la réintégrande. — Règles spéciales à l'action en réintégrande.

63. L'action en réintégrande est celle par laquelle le possesseur troublé dans sa jouissance par des voies de fait, c'est-à-dire, violemment entravé ou dépossédé, demande à y être réintégré. Ainsi la réintégrande est l'action qui appartient à celui qui a été troublé par un acte de violence dans la possession d'un immeuble, ou d'un droit réel, tel qu'une servitude contre celui qui l'en a dépossédé, pour se faire rétablir dans sa possession.

64. Cette action, connue à Rome, ainsi que nous l'avons vu plus haut, sous le nom de l'interdit *undè vi*, est fondée sur le principe de raison éternelle que personne ne peut se faire justice à soi-même, et que, par conséquent, celui qui a été dépouillé par violence doit, avant tout, être rétabli dans sa possession : *Spoliatus ante omnia restituendus*.

65. L'action en réintégrande diffère sous deux principaux rapports de l'action en complainte. D'abord, le possesseur troublé n'a pas besoin pour intenter cette action de prouver qu'il est en possession amiable et que sa possession est revêtue des caractères exigés pour la possession civile ; il suffit qu'au moment du trouble il fût détenteur de l'immeuble, ou en possession du droit réel objet du trouble ; en second lieu, la réintégrande, lorsqu'elle est prononcée, a pour unique résultat de faire cesser la violence, de remettre en possession la partie dépossédée, sans rien préjuger sur les droits du demandeur ou du défendeur, soit quant à la propriété, soit quant à la possession même ; de sorte que le défendeur qui a succombé sous l'action en réintégrande n'en conserve pas moins le droit, s'il avait été lui-même précédemment dépossédé de l'objet du litige dans l'année, d'agir ensuite en complainte, tandis que, dans l'action en

complainte, comme il s'agit non du simple fait mais du droit de possession, celui qui a échoué ne peut plus recourir qu'au pétitoire.

66. De grands débats se sont élevés sur la question de savoir si la réintégrande, considérée comme action distincte de la complainte et spéciale, existe encore aujourd'hui. Les auteurs les plus considérables, Carré, Aulanier, Toullier, Troplong, *Traité de la prescription*, nos 296 et suivants, ont soutenu la négative, la réintégrande ne leur paraissant pas avoir eu dans notre ancien droit, si ce n'est pendant un laps de temps très-court, la faveur exagérée qu'on prétend lui accorder. Dès le XIVe siècle, selon M. Troplong, elle se fondit dans la complainte; et, depuis, les mots *réintégrande et complainte*, sans aucune distinction entre la durée et les qualités de la possession elle-même, n'auraient servi qu'à distinguer le cas où le possesseur avait été totalement privé par force de sa jouissance de celui où il y avait été seulement troublé.

Henrion de Pensay, Garnier, Carou et Bélime ont adopté l'opinion contraire, et la cour de cassation s'est, dès le principe, rangée à cette dernière opinion, et elle a toujours persisté depuis dans sa jurisprudence.

67. Comme il importe de déterminer sur quels motifs la cour suprême s'est fondée ; comme ces motifs sont une réponse aux savants jurisconsultes qui ont adopté l'opinion contraire ; comme ils contiennent, en outre, toutes les raisons et arguments de droit qui antérieurement à la loi de 1838 pouvaient être invoqués non-seulement en faveur de la compétence des juges de paix pour prononcer sur les actions réintégrandes, mais aussi relativement au caractère tout particulier de cette action et aux conditions dans lesquelles elle peut être intentée, nous croyons devoir reproduire ici les motifs des arrêts principaux rendus par la cour suprême.

Le premier arrêt où la question soit complétement traitée et qui se présente, par ordre de date, est un arrêt de la chambre des requêtes, du 10 novembre 1891, rendu sous la présidence de M. Henrion de Pensay ; on y lit :

« Attendu en droit : 1° que l'action en réintégrande à la suite d'une entreprise ou voie de fait appartenant à la classe des actions possessoires, est incontestablement de la compétence des juges de paix ; — attendu 2° que cette action, comme toutes celles qui ont pour objet la répression d'un délit ou d'un quasi-délit, est particulièrement introduite en faveur de l'ordre et de la tranquillité publique, et qu'elle est sans influence sur les droits respectifs, que les parties demeurent libres d'exercer comme auparavant soit au possessoire, soit au pétitoire ; d'où il résulte que, pour décider si le jugement qui a statué sur une action de cette espèce est sujet ou non à l'appel, il faut uniquement considérer la somme demandée pour les dommages-intérêts. »

68. Le second arrêt, rendu encore par la chambre des requêtes et sous la présidence de M. Henrion, en date du 28 décembre 1826, est ainsi conçu :

« Attendu, en droit, que nul ne peut se faire justice à soi-même ; — Que celui qui a été dépossédé par violence, ou voie de fait, doit, avant tout, rentrer dans sa possession : *Spoliatus ante omnia restituendus ;* — Que c'est sur ces principes conservateurs de l'ordre social et de la paix publique que repose l'action en réintégrande ; que cette action, généralement admise dans l'*ancienne* législation française, loin d'avoir été abrogée par la *nouvelle*, est reconnue comme étant encore en pleine vigueur par une disposition de l'art. 2060 du Code Nap.; que l'art. 23 du Code de procédure civile, sainement entendu, ne doit être appliqué qu'aux actions possessoires *ordinaires,* à l'égard desquelles c'est le *droit* ou la *qualité* et non pas le *fait* de la possession qu'on considère ; — Que ces actions ont toujours été bien distinctes de l'action en réintégrande, et par leur nature et par leurs effets : — *par leur nature*, car les actions possessoires ordinaires naissant d'un *trouble quelconque*, et fondées sur une jouissance *civile* et *légitime*, doivent présenter une possession *annale*, *publique*, *paisible* et *à titre non précaire,* tandis que l'action en réintégrande naissant d'une *dépossession par violence* ou *voie de fait,* et fondée sur une jouissance *matérielle,* ne doit présenter qu'une simple *détention naturelle* au moment de la violence ou voie de fait ; — *par leurs effets*, car à l'égard des *premières*, le ugement assure au possesseur une possession *civile légale définitive* et qui ne peut être renversée qu'au *pétitoire,* tandis que, à l'égard de la *seconde,* le jugement ne rend au *détenteur* que la *jouissance momentanée, matérielle, provisoire* et qui peut être anéantie même au possessoire ;

« Attendu que, si la violence à ses caractères particuliers, il n'est pas nécessaire du tout qu'il y ait eu des combats et du sang répandu, et que, pour l'établir notamment dans l'action civile en réintégrande, il suffit que l'acte par lequel une partie usurpe, de sa propre autorité, sur l'autre l'objet contesté, renferme une *voie de fait grave, positive,* telle qu'on ne pouvait la commettre sans blesser la sécurité et la protection que chaque individu en société a droit d'attendre de la force des lois ; et attendu qu'il a été reconnu, en fait, que c'est par violence et voie de fait que Brenugat, en *coupant* et *détruisant,* contre la volonté de la veuve Guyouvard, la digue en question, l'avait *dépossédée* de la jouissance de cette digue et des eaux dont il s'agit au procès ; — Que même cette violence et voie de fait rentrait dans la classe de celles *notamment* prévues par l'art. 437, Code pen.;—Que, dans ces circonstances, en *réintégrant* la veuve Guyouvard dans la *possession* où elle était au moment de la violence ou de la voie de fait, sans la contraindre à prouver que cette possession avait toutes les qualités exigées par l'art. 23, Code pr., le jugement attaqué loin de se mettre en contradiction avec aucune loi, a fait, au contraire, une juste application des principes de la matière: — REJETTE.

69. Enfin, un troisième arrêt d'août 1839, cette fois de la Chambre civile, casse un jugement du tribunal civil de Compiègne, par les motifs suivants :

« Vu l'art. 2060, Code Nap.; attendu que l'action en réintégrande généralement admise dans l'ancienne législation française, ainsi que l'atteste un titre spécial de l'ordonnance de 1667, loin d'avoir été abrogée par la législation nouvelle, est reconnue comme étant en pleine vigueur par l'art. 2060 du Code Nap.; —*Qu'elle dérive en effet de ce principe, sans lequel il n'y aurait pas de société, que nul ne peut se faire justice à soi-même* ; d'où il suit que celui qui a été dépossédé par violence et voie de fait doit avant tout être réintégré par l'autorité publique dans la chose dont il a été dépouillé ;

« Attendu que pour donner matière à l'exercice de l'action en réintégrande, la possession n'a pas besoin de réunir toutes les conditions que la loi exige du possesseur, soit pour acquérir la propriété par voie de prescription aux termes de l'art. 2229, Code Nap., soit même pour exercer l'action en complainte possessoire, aux termes de l'art. 23, Code proc., civ.; — Qu'il faut, suivant le premier de ces articles, que la possession soit *continue* et *non interrompue, paisible, publique, non équivoque, et à titre de propriétaire;* suivant le second, qu'elle soit *paisible par le demandeur et les siens depuis une année au moins, à titre non précaire, et que l'action soit formée dans l'année du trouble* ; mais qu'en matière de réintégrande, il suffit au demandeur de prouver qu'il avait *la possession du pur fait* c'est-à-dire la détention naturelle et purement matérielle de la chose *au moment* où la voie de fait a été commise ;

« Attendu que, par son exploit introductif d'instance, Toudouze imputait à Duvivier « d'avoir comblé un fossé à lui appartenant, « d'avoir fait détourer ses pommiers, d'avoir détruit une récolte « en orge, d'avoir fait abattre trois arbres pommiers et d'en avoir « fait découvrir dix autres qui se trouvaient en fleurs et promet- « taient une abondante récolte; — Qu'il concluait, en conséquence, « à être gardé et maintenu, à *titre de réintégrande*, dans la pos- « session annale qu'on ne pouvait lui contester et qu'il offrait « de prouver, de la pièce de terre, des arbres et du fossé dontil « s'agissait, et à ce que Duvivier fût condamné en 1,200 francs de « dommages-intérêts ;

« Attendu que, dans les cas même où Duvivier aurait agi dans un intérêt administratif et comme maire de la commune de Genvry, exception qu'il n'a proposée ni devant le juge de paix, ni devant le tribunal de Compiègne, il n'aurait pas été autorisé, par cette qualité, à user de voies de fait à l'égard des propriétés de Toudouze, surtout après la sommation qu'il lui avait faite par acte du 6 avril 1832, de déférer aux interpellations contenues dans cet acte, sous peine d'être *poursuivi conformment aux lois* ; — Qu'au surplus, la demande de Toudouze constituait, dans ses termes, comme dans son intention, manifestée par la conduite qu'il a tenue dans le cours de la procédure, une véritable action en réintégrande ;—Que vainement pour lui refuser ce caractère, le jugement attaqué allègue « qu'en « offrant de faire la preuve de sa possession depuis plus d'an et « jour, Toudouze a suffisamment démontré qu'il choisissait l'action « en complainte, de préférence à l'action en réintégrande ; — Qu'en effet, le demandeur en réintégrande, à qui il suffirait de prouver sa possession au moment où la violence a été commise, ne peut certes pas être censé déroger à cette action, lorsque après l'avoir distinctement énoncée dans l'exploit introductif, il offre de prouver, non-seulement que sa possession existait au moment de la violence, mais qu'elle remontait même à une année et plus ;—Attendu enfin qu'il résulte de tout ce qui précède que le juge de paix de Ribécourt et le tribunal de Compiègne, qui ont déclaré Toudouze non recevable dans une demande en complainte possessoire qu'il soutenait n'avoir pas formée, ont par cela même rejeté, sans y faire droit, la demande en réintégrande dont il les avait saisis ; — Qu'en se fondant, pour prononcer ainsi, sur les art. 2229, Code Nap., et 23, Code proc., civ., sa sentence et le jugement attaqués ont faussement appliqué ces deux articles et violé les principes sur l'action en réintégrande, reconnue et consacrée par l'art. 2060, Code civ.; — Sans qu'il soit besoin de s'expliquer sur les autres moyens du pourvoi : — Casse. »

70. Ces trois arrêts résument, détaillent même les motifs qui doivent faire admettre comme existante encore aujourd'hui l'action en réintégrande.

D'ailleurs, si avant la loi du 25 mai 1838, sur la compétence des juges de paix, on a pu être fondé à nier l'existence dans notre droit de l'action possessoire spéciale dite de réintégrande, nous ne croyons pas qu'il puisse en être de même depuis l'art. 6 de cette loi. Cet article porte, en effet, en propres termes : « Les juges de « paix connaissent, à charge d'appel, des dénonciations de nouvel « œuvre, complaintes, *actions en réintégrande* et autres actions pos- « sessoires, fondées sur des faits également commis dans l'année. » Le législateur a tenu, comme on le voit, à dénommer tout spécialement dans la loi l'action en réintégrande ; et ce qui vient encore confirmer son intention de distinguer la réintégrande, sous le rapport de son caractère, de l'action en complainte ordinaire, c'est que dans son rapport à la Chambre des députés, M. Renouard, organe de la commission chargée de l'examen du projet de loi, disait : « Cet article du projet (l'art. 5, devenu l'art. 6 de la loi) attribue « aux juges de paix la connaissance, à charge d'appel, des actions « possessoires, dont il donne, à l'aide de la jurisprudence, une « explication plus complète que ne l'avait fait la loi du 24 août « 1790. » *A l'aide de la jurisprudence* : l'indication des actions possessoires déférées aux juges de paix était donc basée sur la jurisprudence ; or, nous avons vu avec quelle persistance la cour de cassation a jugé que l'action en réintégrande est tout autre que l'action en complainte ordinaire, et comment il n'est exigé de celui qui, violemment troublé dans sa possession, intente cette action, qu'une simple détention naturelle au moment de la violence ou voie de fait. Le passage précité du rapport et le soin qu'à pris le législateur d'exprimer comme entrant dans les attributions du juge de paix, avec la dénonciation de nouvel œuvre et l'action en complainte, l'action en réintégrande ne nous paraît donc, nous le répétons, pouvoir laisser aucun doute sur le caractère tout spécial de cette action et les conditions dans lesquelles elle peut être intentée.

71. L'action en réintégrande ne peut avoir pour base que des actes violents et arbitraires qui troublent dans une certaine mesure l'ordre et la paix publique. Cass., 12 mai 1857.

Ainsi, le fait par un propriétaire d'avoir repris la jouissance d'une portion de terre qu'il avait cédée à son voisin, dans le bornage de leurs propriétés respectives, et d'y avoir arraché quelques arbres ou arbustes venus naturellement, sans toutefois se rendre coupable de dévastation de plants et récoltes ni de destruction violente de terrains, ne saurait motiver, de la part du voisin, une action en réintégrande, mais donne simplement lieu à une complainte possessoire.

72. Cependant il n'est pas nécessaire, pour constituer la violence, qu'il y ait eu des combats ou du *sang répandu ;* mais il faut toujours que l'acte de dépossession ou usurpation, commis par l'une des parties, de sa propre autorité, au préjudice de l'autre,

renferme une voie de fait grave, positive, telle qu'on n'a pu la commettre sans blesser la sécurité et la protection que chaque individu a droit d'attendre de la force des lois. Cass., 28 déc. 1826, 4 déc. 1833, 18 fév. 1835.

73. Ainsi, par exemple, il y a voie de fait donnant ouverture à a réintégrande dans le fait d'avoir détruit une digue contre la volonté de celui qui l'a élevée, quand même on soutiendrait qu'il n'avait pas le droit de l'élever. Cass., 28 déc. 1826.

74. Et aussi dans le fait par un propriétaire d'avoir abattu une partie de mur de clôture construit par le voisin, sous prétexte qu'il empiétait sur son propre terrain. Cass., 16 nov. 1835.

75. De même, dans une contestation relative à un droit de prise d'eau, l'enlèvement d'une vanne par l'une des parties et son remplacement par une nouvelle, modifiée à l'effet d'intercepter le cours de l'eau jusque-là recueillie par la partie adverse, constitue un fait de dépossession violente donnant lieu à une action en réintégrande; on prétendrait à tort qu'il n'y a lieu, en pareil cas, qu'à une action en dénonciation de nouvel œuvre. Cass., 18 févr. 1835.

76. Le fait, par les riverains d'un cours d'eau, d'en avoir détourné les eaux au préjudice d'un riverain inférieur, constitue un simple *trouble* qui ne peut servir de base à une action en réintégrande. Cass., 17 nov. 1857.

77. On ne saurait baser une action en réintégrande sur la simple inexécution d'un contrat relatif à la possession; ainsi la réintégrande est non recevable de la part de celui qui se plaint de ce que son adversaire auquel il a cédé une propriété, mais en se réservant la possession momentanée d'une certaine étendue de terrain, a, au mépris de cette réserve, étendu ses travaux de labourage sur la propriété entière, la réintégrande, en pareil cas, étant fondée, non sur une violence ou voie de fait, mais sur une simple inexécution, et le sujet de la plainte étant moins un fait qu'un nonfait, moins un acte qu'une omission. Cass., 4 déc. 1833.

78. La prise de possession d'une servitude concédée par un jugement par défaut, avant la signification de ce jugement, peut donner lieu à des dommages-intérêts, mais ne peut être considérée

comme un trouble à la possession de nature à provoquer une action en réintégrande. Cass., 14 déc. 1859.

79. Il ne peut y avoir de dépossession violente de la part de celui qui se borne à user d'un titre non attaqué, et, par conséquent, des travaux exécutés en vertu d'une décision passée en force de chose jugée, ne sauraient constituer une voie de fait donnant ouverture à la réintégrande. Cass., 5 janv. 1857.

80. La dépossession violente d'un pont, considérée en elle-même et indépendamment de toute servitude de passage, peut être l'objet d'une action en réintégrande ; ainsi, lorsque le riverain d'un cours d'eau a détruit un pont existant sur ce cours d'eau et aboutissant à sa propriété, le rétablissement du pont peut être demandé et obtenu par voie de réintégrande, sans que l'on soit fondé à prétendre que cette demande et le jugement qui y a fait droit constituent en réalité la réclamation et la reconnaissance d'une servitude de passage sur la propriété du défendeur, servitude discontinue, et dès lors insusceptible d'être acquise par l'effet seul de la possession. Dès que la maintenue en possession du pont violemment détruit a été l'unique objet de l'action en réintégrande ; dès que le jugement rendu sur cette action s'est borné à prononcer la maintenue dont il s'agit, sans accorder au demandeur aucun droit de passage sur le fonds du défendeur, on doit considérer la demande comme recevable et le jugement comme juridiquement rendu. Cass., 17 juil. 1837.

81. Mais l'action en réintégrande supposant nécessairement une possession réelle et actuelle et une dépossession par violence et voies de fait, ne saurait exister au cas de simple suppression d'une servitude discontinue et non apparente, telle qu'une servitude de passage, ni au cas où l'œuvre quelconque qui y donnerait lieu aurait été pratiquée par le défendeur, sur son propre fonds. Cass., 5 mars 1828.

Cependant, tout en repoussant la critique élevée par M. Bélime contre cette décision, MM. Dalloz sont d'avis qu'il ne faut pas trop l'étendre, et notamment l'appliquer à la destruction de toute espèce de construction élevée par un propriétaire sur son propre fonds, et par exemple à celle d'une construction apparente qui serait le résultat d'une servitude établie en faveur de l'héritage voisin.

82. La réintégrande ayant pour objet de faire réparer les spoliations par voie de fait, on ne peut considérer comme une action de cette nature, mais seulement comme une demande en complainte, celle tendante au rétablissement d'une borne lorsque le demandeur, loin de rattacher au déplacement de la borne aucune idée d'usurpation effective de terrain, le dénonce comme ayant eu pour but de cacher les dommages causés à son fonds par le détenteur, dommages résultant par exemple d'une excavation pratiquée sur le terrain du défendeur pour y établir un four à briques. Cass., 30 déc. 1842.

83. Le propriétaire qui a pratiqué, dans la berge d'un fossé dépendant de l'héritage de son voisin, un fossé ou rigole à l'aide duquel il a inondé cet héritage en y faisant déverser les eaux d'une mare lui appartenant, peut être contraint, par voie d'action en réintégrande, à rétablir les lieux dans leur ancien état, sans qu'il soit recevable à exciper de sa possession plus qu'annale d'une servitude d'écoulement d'eau sur ce fonds voisin. Cass., 3 mai 1848.

84. L'envahissement, par la charrue, d'une partie d'un champ voisin, et le bouleversement opéré par cette voie de fait, a le caractère d'une demande en réintégrande. Cass., 24 juin 1851.

85. L'action de détruire une digue, contre la volonté de celui qui l'a établie, constitue un acte de violence donnant lieu à l'action en réintégrande. Cass., déc. 1826.

86. Toute violence ou voie de fait, entraînant la dépossession, donne lieu à réintégrande, alors même que celui qui en est l'auteur agirait dans un intérêt d'administration, et, par exemple, comme maire d'une commune. — Spécialement, le maire qui, sous prétexte qu'un particulier a commis une usurpation sur un chemin communal, et après sommation de restituer faite à ce particulier, fait lui-même, au préjudice de la possession actuelle de celui-ci, combler un fossé, abattre des arbres, détruire une récolte, sur le terrain prétendu usurpé, se rend coupable de voies de fait donnant ouverture à la réintégrande. Cass., 19 août 1839.

87. Par la même raison, la réintégrande doit être prononcée en faveur d'un possesseur dépouillé par voie de fait, nonobstant l'allégation du défendeur que le terrain sur lequel la voie de fait a eu lieu est un chemin public, et que dès lors cette circonstance place la contestation hors de la compétence des tribunaux civils. Cass., 31 août 1836.

88. Et il a encore été décidé, de même, que les lois et ordonnances qui chargent les administrations locales de rechercher les terrains usurpés sur les communes, ne les autorisent pas à s'en remettre en possession par voies de fait; et que, conséquemment, si les voies de fait sont exercées dans cet objet, elles constituent de véritables troubles à la possession des détenteurs, pouvant donner lieu à la réintégrande. Cass., 23 mai 1838.

89. L'action en réintégrande est admissible en matière de travaux publics, lorsque le possesseur d'un immeuble depuis un an et un jour est troublé dans sa possession par un entrepreneur ou adjudicataire qui, au moment du trouble, ne représente aucun acte administratif fixant le lieu où les extractions et les fouilles doivent se faire. Just. de paix de Montauban, 2 janv. 1850. Jay, *Bull.*, *Déc. des j. p.*, 1850, p. 136.

90. C'est à l'autorité judiciaire seule de connaître de l'action en réintégrande intentée contre l'État par un particulier troublé de vive force dans la possession d'un terrain par les agents de l'administration, et cela, alors même qu'il serait prétendu que ce terrain dépend du domaine public. Cons. d'État, 14 décembre 1862 ; *ibid.*, *Annales des j. de paix*, 1863, p. 368.

Il en est ainsi, du moins, quand le terrain dont il s'agit est revendiqué par l'administration, non pas comme faisant partie d'une route ou d'un port, mais seulement comme ayant dépendu d'un ancien port supprimé, et comme ayant été réuni postérieurement à une place publique. *Ibid.*

91. Les auteurs ont examiné la question de savoir si celui qui possède une maison contre une autre maison menaçant ruines peut intenter l'action en réintégrande contre le propriétaire de cette autre maison, et, touchés principalement de ce fait que, dans l'inaction de l'autorité municipale, le voisin, propriétaire de la mai-

son solide, se trouve par suite de la négligence de l'autre propriétaire dans un danger imminent, ils pensent que l'autorisation, en pareil cas, doit être donnée par le juge de paix, sur action en réintégrande, de faire les travaux nécessaires pour mettre fin à l'écroulement menaçant. Nous ne croyons pas, quelle que soit la position de l'édifice menacé et dût-il s'écrouler sous le poids de l'édifice voisin en ruine, que l'action en réintégrande soit admissible. De pareils faits ne ressemblent en rien au trouble à la possession qui donne lieu à l'action en complainte ou en réintégrande ; le demandeur ou plaignant ne pourrait être réintégré en rien, puisqu'il n'a pas été dépouillé. Mais ce n'est pas une raison, à notre sens, pour qu'il soit privé de toute action : l'art. 1382 C,. Nap., veut que tout fait quelconque de l'homme qui cause à autrui un dommage oblige celui par la faute duquel il est arrivé à le réparer ; l'art. 1386 met à la charge du propriétaire d'un bâtiment la responsabilité du dommage causé par sa ruine lorsqu'elle est arrivée par une suite du défaut d'entretien, ou par un vice de sa construction ; or, il est certain que le dommage peut exister avant que le bâtiment s'écroule, que la menace d'un pareil danger est, du moment même où il existe, un dommage ; et il ne nous paraît pas douteux que ce dommage ne puisse servir de base à une action fondée sur ces deux art. 1382 et 1386 du Code Napoléon. Et, à raison même de l'urgence, le président du tribunal civil, ou le tribunal lui-même, en référé, pourrait, à l'instant, être saisi.

92. Le détenteur dépossédé par violence est recevable à agir en réintégrande, quoique sa possession ne réunisse pas les conditions voulues pour prescrire, ou n'ait pas la durée requise pour l'exercice de la complainte, s'il justifie qu'il avait la possession de pur fait, c'est-à-dire la détention naturelle et purement matérielle de la chose au moment où la voie de fait a été commise. Cass., 16 novembre 1835, 19 août 1839, 4 juin 1835, 5 janvier 1837, 8 juillet 1845, 5 août 1843.

93. Pour exercer une action en réintégrande, il suffit d'avoir une possession matérielle et actuelle au moment de la voie de fait dont on se plaint. — Et cette action peut être exercée contre celui-là même qu'on a dépossédé par voie de fait, et qui se trouvait, au

moment de la violence, en possession plus qu'annale de l'immeuble. Cass., 5 août 1845, Jay, *Annales*, 1re série, tom. IV, p. 312.

94. Décidé de même que si l'action en réintégrande n'a pas besoin de s'appuyer sur une possession qui réunisse toutes les conditions prescrites par l'article 23 du Code de procédure, la seule détention qui ne consisterait qu'en voie de fait, ou furtive ou violente, et qui par conséquent n'aurait pas le caractère d'une possession matérielle (ce qu'il n'appartient qu'aux juges d'apprécier), ne peut servir de base à la réintégrande. Cass., 8 juill. 1845; *ibid.* p. 313.

95. L'action en réintégrande est recevable, dès lors que la possession sur laquelle elle est fondée est *paisible et publique* et que le demandeur en a été dépouillé par violence ; il n'est pas nécessaire, en outre, que cette possession ait le caractère d'une possession utile à prescrire, comme lorsqu'il s'agit de complainte. Cass., 25 mars 1857; *ibid.*, 1859, p. 137.

96. L'action en réintégrande existe dans notre droit actuel, et est accordée au possesseur dépouillé par violence, quand bien même sa possession serait entachée de précarité. Cass., 2 juillet 1862; *ibid.*, 1862, p. 45.

97. L'action en réintégrande ne pourrait non plus être écartée, sous le prétexte du défaut de *possession annale* du demandeur, dès que le double fait de sa possession actuelle et de sa dépossession par violence est établi, alors même que le défendeur déclarerait se porter reconventionnellement demandeur en complainte, et prouverait sa possession annale. Cass., 5 avril 1841.

98. La possession annale, telle qu'elle est définie et caractérisée par la loi pour servir de fondement aux actions possessoires en général, n'est pas exigée comme condition de l'exercice de l'action en réintégrande. Cass., 10 août 1847. Jay, *Annales j. p.*, 1848, p. 24.

L'action en réintégrande peut être intentée par le détenteur de l'immeuble qui en a été dépossédé avec violence, sans qu'il soit tenu de prouver une possession annale ; mais à la condition, toutefois, que sa détention ne soit pas elle-même le résultat d'un fait violent, furtif ou clandestin. *Ibid.*

99. Mais si l'action en réintégrande peut être intentée, quoique le possesseur troublé ne puisse pas invoquer la possession annale, il est évidemment nécessaire qu'elle soit introduite dans l'année du trouble, cette condition étant imposée à toutes les actions possessoires quelles qu'elles soient, et s'appliquant tout particulièrement à la réintégrande, puisqu'il s'agit de faire cesser l'effet de la violence.

100. Cependant, dans l'année laissée au demandeur pour intenter son action, l'auteur du trouble aura pu céder ses droits sur le terrain objet du litige, d'où nait la question de savoir si la réintégrande peut être exercée contre le tiers acquéreur : si celui-ci avait acquis de mauvaise foi, l'affirmative ne serait pas douteuse ; mais, en cas d'acquisition de bonne foi, la difficulté se présente plus sérieuse. M. Bélime, dans son *Traité des actions possessoires*, considérant l'action en réintégrande d'après le droit romain comme personnelle, exprime l'opinion qu'elle ne suit point la chose aux mains des tiers ; M. Troplong, *De la prescription* n° 386, et MM. Dalloz, en leur RÉPERTOIRE, v^is^ *Actions possessoires*, n° 131, considérant la réintégrande aussi bien que la complainte comme une action réelle, sont d'avis qu'elle peut dans tous les cas atteindre le tiers détenteur.

C'est à cette dernière opinion que nous nous rangeons, et soit qu'il s'agisse de l'acquéreur défendeur ou de l'acquéreur demandeur en réintégrande, nous pensons qu'il n'y a pas à s'arrêter au fait de mutation de propriété ; le défendeur acquéreur est soumis à l'action, de même qu'elle peut être intentée par l'acquéreur demandeur, l'un et l'autre restant soumis, quant à la propriété acquise, aux obligations ou pouvant exercer les droits du vendeur.

101. Celui qui veut agir en réintégrande doit avoir soin de bien déterminer la nature de sa demande, et, pour cela, ne pas offrir de faire preuve des faits étrangers à cette action, comme, par exemple, d'une possession *annale*. Il a été jugé, en effet, que le particulier qui, au lieu de se borner à demander sa réintégrande dans l'objet dont il a été dépossédé par violence, allègue à l'appui de sa demande une possession annale qu'il offre de prouver, est censé intenter, non une action en réintégrande, mais une action en com-

plainte ; et, dès lors, si les juges ont déclaré cette demande mal fondée, sur le motif que la possession annale n'est pas suffisamment prouvée, il n'y a pas lieu de casser leur jugement sous le prétexte qu'ils auraient jugé une action en complainte, et non pas une action en réintégrande. Cass., 16 mai 1827.

102. Et de même, l'action tendante à être maintenu dans la possession d'un bois dont on prétend jouir depuis plus d'un an, jointe à l'offre de prouver cette possession, constitue une action en complainte et non une action en réintégrande. Elle ne peut, en con séquence, être exercée que par le possesseur annal. Cass., 9 fév. 1837.

103. Le possesseur qui se plaint en justice qu'un tiers a passé sur son terrain et détruit une barrière lui servant de clôture, et qui se borne à demander le rétablissement des lieux dans leur état primitif avec dommages-intérêts, en qualifiant lui-même la voie de fait commise à son préjudice *de trouble à sa possession,* exerce une simple complainte possessoire, et non une action en réintégrande. Cass., 12 déc. 1853.

104. Toutefois, lorsqu'une demande a été expressément formée *à titre de réintégrande*, la circonstance que le demandeur a conclu à son maintien dans la *possession annale* du terrain dont il a été dépossédé, en offrant de *prouver cette possession,* ne change nullement le caractère de la demande et ne peut autoriser les juges à la considérer comme une complainte. Le jugement qui, en pareil cas et alors que le demandeur n'a cessé de réclamer le bénéfice de l'action en réintégrande, statue comme s'il s'agissait d'une action en complainte sous prétexte que la preuve offerte d'une possession annale démontre que le demandeur a préféré la voie de la complainte à celle de la réintégrande, encourt la cassation. Cass. 19, août 1839.

105. L'offre faite par le demandeur en réintégrande de prouver que l'immeuble dont il a été dépouillé, et que le défendeur prétend être un terrain public, est une propriété privée, n'implique pas, de sa part, une renonciation au droit de réintégration immédiate qui lui appartient, quel que soit le caractère de cet immeuble. Cass. 3 juill. 1850. Jay, *Annales j. p.*, 1850, p. 304.

Alors, d'ailleurs, que la preuve offerte n'a point été ordonnée, et que le juge s'est borné, sur l'intervention du maire de la commune, à prononcer un sursis jusqu'à ce que l'autorité administrative ait fixé la nature du terrain litigieux. *Ibid.*

En conséquence, le juge devant lequel les parties sont revenues après l'expiration du sursis, sans que l'administration ait statué, ne peut se fonder sur cette offre pour faire dépendre de la preuve du caractère privé du terrain la réintégration du demandeur. *Ibid.*

106. On doit réputer action en complainte et non en réintégrande celle qu'un particulier, qui se prétend troublé dans sa jouissance par une voie de fait, a formée contre l'auteur du trouble à l'effet d'être maintenu dans sa possession, lorsqu'un jugement interlocutoire, exécuté sans réserve, a subordonné la décision du procès à la vérification préalable d'un fait de nature à éclairer le juge, non pas seulement sur le fait matériel de la possession du demandeur au moment du trouble, mais sur le caractère non précaire de cette possession. Cass., 3 mai 1831.

107. La demande en suppression de travaux pratiqués sur un ruisseau, et que le demandeur dénonce comme nuisant à la possession qu'il a de ce ruisseau, doit aussi être considérée comme constituant une demande en complainte en non en réintégrande, alors même que les travaux dont il s'agit ont été qualifiés *voies de fait* dans la citation, et que la suppression en a été demandée, *avec contrainte*, quand d'ailleurs il n'est articulé contre le défendeur aucun fait de violence ni aucune voie de fait de quelque gravité. Cass., 13 nov. 1838.

108. Mais, au contraire, les juges ont pu voir une action en réintégrande et non point une simple action mobilière en dommages-intérêts dans la demande d'une certaine somme à titre d'indemnité, lorsqu'il est exprimé que cette demande a pour cause un détournement d'eau opéré par voie de fait, que d'ailleurs le demandeur a renoncé devant le juge de paix aux dommages-intérêts d'abord réclamés, qu'il n'a été statué par ce juge que sur le possessoire, et qu'enfin, sur l'appel interjeté par le défendeur, c'est également sur le possessoire seul qu'a porté le débat devant les juges du second degré : on ne peut en conséquence imputer à ceux-ci d'avoir

substitué une action en réintégrande à une demande en dommages-intérêts et commis ainsi un excès de pouvoir. Cass., 11 mai 1841.

109. La complainte suppose une possession paisible, publique et à titre non précaire, tandis que l'action en réintégrande ayant pour principe un quasi-délit, il suffit, pour l'exercice de cette action, que le demandeur, qui se trouvait en possession paisible et publique, ait été dépossédé par violence ou par voie de fait. Cass. 10 février 1864. Jay, *Annales j. p.*, 1865, p. 20.

Le juge saisi, en même temps, d'une action en réintégrande et d'une action en complainte à raison du même fait de dépossession, doit avant tout, et bien que le caractère du chemin litigieux qui donne lieu à ces deux actions soit contesté, faire droit à la première action ; quant à la seconde, il peut surseoir à statuer, jusqu'à ce que l'autorité compétente ait prononcé, dans l'espèce jusqu'à ce que l'autorité administrative ait décidé si la voie de communication dont il s'agissait constituait une rue. *Ibid.*

110. Le jugement sur la réintégrande ne tranche pas définitivement la question de possession, de sorte que le défendeur à cette action peut, après avoir succombé dans l'instance en réintégrande, exercer l'action en complainte en vertu de la possession annale dans laquelle il a été troublé depuis moins d'un an, et qu'il avait voulu illégalement recouvrer par une voie de fait. Cass., 5 avril 1841.

111. Ce n'est pas le propriétaire seul qui peut intenter l'action en réintégrande. Ainsi, la cour de cassation a jugé que cette action peut être valablement intentée, soit par celui qui ne possède qu'à titre précaire, tel qu'un fermier ou un antichrésiste. Cass., 10 nov. 1819, 16 mai 1820, 28 déc. 1826, 27 juin 1821.

112. En matière criminelle, lorsqu'une voie de fait a été commise par plusieurs personnes, elles doivent toutes être condamnées solidairement aux amendes, restitutions, dommages-intérêts et frais (C. pén., art. 55). Suivant M. Bélime, et aussi suivant MM. Dalloz, qui s'approprient sur ce point l'opinion de M. Bélime, la solidarité peut être prononcée dans le cas même où la réintégrande est poursuivie par la voie civile, car c'est à la nature du fait que la solidarité est attachée et non à la qualité du juge. D'après les mêmes principes,

la cour de cassation a proclamé le principe de la solidarité pour les condamnations et les dommages-intérêts encourus par suite de quasi-délits. Cass., 29 févr. 1836, 12 juillet 1837 et 29 décembre 1852.

Ce dernier arrêt considère les auteurs d'un fait dommageable auquel ils ont participé de concert comme solidairement tenus de le réparer, chacun d'eux étant censé être la cause unique du dommage.

113. Toute demande en sursis formée par le défendeur à une action en réintégrande, doit être rejetée comme contraire au principe : *Spoliatus ante omnia restituendus*, alors même que la voie de fait consistant dans un détournement d'eau par le propriétaire supérieur, au préjudice des riverains inférieurs qui étaient en possession de ces eaux, le défendeur motiverait son sursis sur la nécessité de faire interpréter un règlement d'eaux qu'on invoque, et qu'il soutient non obligatoire. Cass., 11 mai 1841.

Et, dans ce cas, le jugement qui, nonobstant la demande en sursis, statue au fond, en appliquant la maxime : *Spoliatus ante omnia restituendus*, motive suffisamment, quoique implicitement, le rejet du sursis. *Même arrêt.*

114. Le juge de paix saisi d'une action en réintégrande doit-il toujours se borner à ordonner le rétablissement des lieux dans leur ancien état, en prononçant par décision préalable, ou bien peut-il accorder des dommages-intérêts si la réparation du préjudice outre le rétablissement des lieux est demandée ; peut-il même, suivant les cas, comme s'il prononçait sur action en complainte, déclarer le droit du demandeur à la possession des lieux ?

Quant aux dommages-intérêts, nous croyons que toutes les fois qu'outre la dépossession violente, le demandeur en réintégrande a éprouvé un préjudice, ne fût-ce que la privation pendant un certain temps de sa chose, le défendeur peut être condamné en des dommages-intérêts.

115. Quant à la déclaration des droits de possession du demandeur en réintégrande, elle dépend de la nature, des qualités et de la durée de sa possession. Ainsi, si le demandeur violemment dépossédé demandait à prouver et prouvait qu'il était en possession pai-

sible, publique, non interrompue, non équivoque et à titre de propriétaire depuis plus d'une année, il ne paraît pas douteux que, tout en ordonnant la cessation du trouble et la réparation, le juge de paix ne dût déclarer ses droits à la possession de l'objet litigieux et prononcer comme en matière de complainte ordinaire : on ne voit aucune raison de forcer le demandeur a réintenter une action en complainte après avoir réussi dans son action en réintégrande, ou à l'exposer à de nouveaux troubles ou à une nouvelle action de la part du défendeur, si sa possession n'avait pas été, sur sa demande, dûment consacrée.

116. Au reste, le demandeur ne prendrait en pareil cas la voie de la réintégrande que s'il avait quelque doute sur les moyens de prouver ses droits à la possession annale, civile et légale. Mais rien n'empêcherait, selon nous, que devant le tribunal, usant de tous ses moyens, il ne fût admis à faire toutes les preuves possibles et à établir tous ses droits.

117. Le possesseur violemment dépouillé peut, si le fait du trouble constitue une contravention ou un délit, poursuivre, à son choix, l'auteur de la spoliation devant le juge de paix, en réintégrande, ou devant les tribunaux de répression, par la voie criminelle. Les articles 444 et suiv. du Code pénal punissent, en effet, la dévastation des récoltes sur pied, l'abatage des arbres appartenant à autrui, l'enlèvement des grains ou fourrages, la destruction de parcs de bestiaux, etc.

Mais compétente seulement pour punir la voie de fait, la justice répressive ne le serait pas pour ordonner la réintégration du spolié dans son immeuble.

Cependant celui-ci trouverait, dans certains cas, un avantage à agir par la voie criminelle, puisqu'il aurait trois années au lieu d'une seule pour intenter son action, la prescription de trois ans étant seule applicable aux délits punis de peines correctionnelles, C. instr. crim., 638.

CHAPITRE V.

De la dénomination du nouvel œuvre.

118. Nous avons vu plus haut, chap. 1er, que la dénonciation de nouvel œuvre, chez les Romains, n'était pas, à proprement parler, une action possessoire, mais un moyen d'empêcher, sans même avoir recours à l'intervention du juge, la continuation de travaux préjudiciables. Ainsi, la dénonciation de nouvel œuvre, *denunciatio novi operis*, consistait dans une défense de passer outre, faite par la partie elle-même, sans l'intervention d'aucun magistrat, à celui qui pratiquait des travaux portant atteinte à son droit. Elle obligeait ce dernier à respecter cette défense, à moins qu'il ne l'eût fait lever par l'interdit *de remissionibus*, sous peine de voir ordonner la destruction des travaux exécutés depuis la dénonciation, laquelle n'avait aussi d'effet que pour l'avenir. Mais il est à remarquer que celui qui avait laissé achever les travaux sans recourir à la dénonciation du nouvel œuvre, ne cessait pas pour cela de pouvoir en demander la destruction par l'interdit *quod vi aut clàm;* seulement, il n'obtiendrait alors cette destruction qu'en démontrant que les travaux avaient été pratiqués contrairement à sa possession, tandis que, dans le cas où il y avait eu dénonciation, il n'avait à prouver que cette dénonciation même, pour faire démolir ce qui avait été fait au mépris de celle-ci. Telle fut la règle sous le système des formules.

119. Le Code de Justinien renferme aussi des dispositions sur la dénonciation de nouvel œuvre. D'après ces dispositions, toute procédure de ce genre devait être terminée dans les trois mois, sauf toutefois l'existence de difficultés extraordinaires, auquel cas le défendeur pouvait être autorisé, s'il fournissait caution, à continuer les travaux.

120. Dénonciation du nouvel œuvre fut aussi admise dans notre

ancien droit; le juge était aussi autorisé à permettre, suivant les circonstances, à l'auteur du nouvel œuvre de le continuer en donnant caution de remettre les choses, s'il y avait lieu, plus tard, dans leur premier état. Il est à remarquer toutefois qu'on ne trouve dans les anciennes coutumes ou ordonnances aucune disposition relative à la dénonciation du nouvel œuvre; l'ordonnance de 1667, qui, comme nous l'avons vu chapitre 1er, définit la complainte et la réintégrande et réglait les conditions dans lesquelles ces deux actions pouvaient être intentées, ne dit rien de la dénonciation du nouvel œuvre; les commentateurs de l'ordonnance, Bornier, Rodier, Rousse, Pothier, ont gardé le même silence. Le Code de procédure est resté également muet sur cette action, et elle se trouve nommée seulement dans l'article 6 de la loi du 25 mai 1838 sur la compétence des justices de paix, au nombre des actions possessoires.

121. Le silence gardé par la législation, jusqu'à 1838, sur la dénonciation de nouvel œuvre avait donné lieu à une vive controverse sur le point de savoir si cette action a, dans notre droit moderne, un caractère et des effets différents de ceux de la complainte. Henrion de Pansay croyant, ce qui est une erreur, que la dénonciation du nouvel œuvre ne pouvait être intentée que dans le cas où l'auteur de l'innovation construisait sur son propre terrain, par exemple lorsqu'il fait ouvrir des jours dans les murs de sa maison contrairement au droit du propriétaire voisin, soutenait qu'en cas de dénonciation, le juge de paix ne peut que défendre ou permettre la continuation des travaux, et que, si la continuation a été interdite, l'auteur du nouvel œuvre, qui veut obtenir mainlevée des défenses du juge de paix, doit porter devant le tribunal civil son action, laquelle devient alors essentiellement pétitoire.

122. Cette doctrine est puissamment combattue par Merlin: Question de droit, v° *Constitution de nouvel œuvre*, paragraphe 1er, n° 5. Cet auteur, repoussant l'application du droit romain à nos actions judiciaires, refuse toute distinction entre la dénonciation du nouvel œuvre et l'action en complainte; l'action possessoire est caractérisée et déterminée, dit-il, par les conclusions des parties et non par les qualifications qu'elles lui ont données.

123. En effet, s'il s'agit d'une dépossession violente, l'action prend le caractère de réintégrande et en revêt les conditions. Mais à part la violence, toute action possessoire constitue une action en complainte, soit que le nouvel œuvre ait été établi sur le fonds du voisin, soit que le trouble ait été porté sur le fonds du plaignant ; et ce sont toujours les formes et les règles de la complainte qui doivent être suivies.

124. L'article 6 de la loi du 25 mai 1838, en mentionnant la dénonciation du nouvel œuvre parmi les actions possessoires soumises aux attributions du juge de paix, a, par là même, repoussé la doctrine d'Henrion, qui n'attribuait aux juges de paix que le droit de défendre ou de permettre la continuation des travaux et qui renvoyait devant le tribunal civil pour obtenir mainlevée des défenses. Cet article ne paraît, d'ailleurs, avoir eu en vue que d'énumérer toutes les espèces d'actions possessoires ; et, si la mention qu'il a faite de la réintégrande a quelque signification, c'est que cette action, sous l'ancien droit français, avait un caractère tout particulier, déterminé par la loi, et qu'elle ne peut pas avoir été maintenue en dehors de ce caractère et de ses conditions spéciales.

125. Quant à la jurisprudence, elle avait décidé d'abord que la dénonciation de nouvel œuvre se distingue des autres actions possessoires par deux différences qui lui étaient propres : 1° en ce qu'elle ne pouvait plus être exercée après qu'on avait laissé achever le nouvel ouvrage sans s'en plaindre ; 2° en ce que, si elle avait été exercée avant la fin de l'ouvrage, son effet se bornait à en faire défendre la continuation jusqu'à ce que le juge du pétitoire eût décidé si le propriétaire qui avait commencé l'ouvrage sur son propre fonds avait le droit de l'achever, ou s'il devait le détruire : question qui tient essentiellement à la propriété, et qui ne peut devenir l'objet d'une complainte, car autoriser, dans ce cas, un juge de paix à faire détruire des ouvrages commencés, et, à plus forte raison, des ouvrages terminés, ce serait l'investir d'une juridiction exorbitante, qui n'est ni dans la lettre ni dans l'esprit des lois nouvelles. Cass., 15 mars 1826, 14 mars 1827.

126. Mais, depuis, la Cour de cassation est revenue à une jurisprudence qui paraît plus conforme à l'état de la législation et plus

rationnelle. Ainsi elle a jugé que l'action possessoire est de la compétence exclusive du juge de paix, et qu'elle a pour effet de faire rétablir la possession en l'état où elle était avant le trouble ; que le caractère de cette action n'est point dénaturé par la circonstance que les ouvrages qui constituent le trouble ont été faits et terminés sur le fonds du défendeur avant l'action ; qu'il suffit, au contraire, que l'action soit essentiellement possessoire, comme lorsqu'elle tend à faire cesser le trouble apporté, depuis moins d'un an, à une possession annale par des travaux qui font refluer un cours d'eau, pour que le juge de paix soit seul compétent pour en connaître ; et que le trouble de la possession soit constant, pour qu'il y ait lieu de la rétablir et de lever les obstacles qui s'y opposent. Cass., 22 mai 1833 ; 27 mai 1834 ; 17 juin 1834 ; 28 mars 1836 ; 25 juillet 1836 ; 30 janvier 1837.

127. De même encore, en cas de construction par un particulier, sur son propre fonds, d'un bâtiment dont le toit fait égout sur le terrain du voisin, celui-ci peut exercer l'action possessoire, même après l'achèvement de la construction, et le juge de paix est compétent pour ordonner la suppression de celle-ci. Cass., 15 février 1838.

128. Enfin, depuis la promulgation de la loi de 1838, la Cour de cassation a jugé d'après les mêmes principes que l'action possessoire tendante à la suppression d'un nouvel œuvre *terminé* sur un terrain dont le demandeur prétend avoir la *possession* annale, exclusive et *animo domini*, constitue une action en complainte et non une dénonciation de nouvel œuvre. Cass., 11 mai 1842.

Il en est de même de l'action en destruction de travaux *achevés* sur le terrain du défendeur, et en réparation par voie de dommages-intérêts, du préjudice résultant de ces travaux. Cass., 20 juin 1843.

129. De même encore l'action tendant à la destruction de travaux commencés pour la reconstruction d'une digue emportée depuis plusieurs années par les eaux, travaux causant un préjudice actuel au demandeur, qui les dénonce au juge de paix dans l'année du trouble, a le caractère d'une complainte possessoire ordinaire, et non pas seulement d'une action en dénonciation de nouvel œuvre. Cass., 4 février 1856. Jay, *Annales des j. p.*, 1856, p. 284.

Par suite, le jugement rendu au possessoire qui ordonne, par voie interlocutoire, une expertise pour vérifier l'existence du préjudice allégué comme actuel, et qui fait dépendre du résultat de cette vérification la solution de la question relative à la destruction des travaux commencés, ne viole pas les principes qui régissent l'action en dénonciation de nouvel œuvre, non applicables en pareil cas. *Ibid.*

130. Il ne peut donc exister aucun doute sur la compétence complète et entière des juges de paix pour prononcer sur les actions en dénonciation du nouvel œuvre, aussi bien que sur toute autre action possessoire.

CHAPITRE VI.

De la possession. — Des conditions de possession nécessaires pour l'exercice de l'action possessoire, soit en complainte, soit en réintégrande. — Possession publique, paisible, etc.; durée de la possession; annalité.

131. L'art. 2228 du Code Napoléon définit ainsi la possession : « La possession est la détention ou la jouissance d'une chose ou « d'un droit que nous tenons ou que nous exerçons par nous- « mêmes ou par un autre qui le tient ou l'exerce en notre « nom. »

132. D'après l'article 2229, « pour pouvoir prescrire, il faut une « possession continue et non interrompue, paisible, publique, non « équivoque, et à titre de propriétaire. »

133. D'après l'article 2232, « les actes de pure faculté et ceux « de simple tolérance ne peuvent fonder ni possession ni pres- « cription. »

134. Enfin l'article 23 du Code de procédure dispose que « les « actions possessoires ne peuvent être formées que par ceux qui, « depuis une année au moins, étaient en possession paisible par « eux ou les leurs à titre non précaire. »

135. De la combinaison de ces trois articles il résulte que la possession propre à autoriser la complainte doit être — paisible, — publique, — non précaire, — non équivoque, — continue, — non interrompue, — non fondée sur des actes de pure faculté ou de simple tolérance : — ajoutons qu'elle ne doit être affectée d'aucun caractère délictueux.

136. Divers termes ont été assignés par le Code à la durée de la possession pour qu'elle fût efficace à produire les effets qui y sont attachés. Ainsi, la possession de trente, vingt et dix ans, suivant les cas, engendre le droit de propriété ou la prescription des immeubles. (C. Nap., art. 2262 et 2265) ; des possessions plus courtes

procurent le même droit sur les meubles ou les objets mobiliers. C. Nap., art. 2271 et suiv.

La possession annale telle que nous l'avons plus haut caractérisé, c'est-à-dire paisible, publique, non précaire, non équivoque, continue, non délictueuse, suffit pour autoriser l'action en complainte. Nous dirons donc d'abord ce que l'on entend par la possession *annale* et quel doit être son point de départ.

137. De même qu'après trente ans, dit M. Bélime, p. 10, n° 9, « le possesseur d'un immeuble ou d'un droit réel est réputé propriétaire par une présomption irréfragable, de même aussi, après un an, il acquiert le droit de possession annale comme par une sorte de petite prescription encore incomplète.

« Nos anciens écrivains, qui savaient combien la confusion de mots entraîne souvent la confusion des idées, se gardaient bien de confondre la *possession* avec *le droit de possession*, qu'ils appelaient du nom particulier de *saisine possessoire*. Et c'était pour marquer cette différence que Dumoulin disait : *Possessio quæritur momento, sed saisina* par an et jour (1). »

138. Autrefois la possession exigée pour l'exercice de l'action en complainte devait être d'*un an* et *un jour*, probablement pour écarter toute difficulté sur le mode de supputer l'année. Il suffit aujourd'hui qu'elle ait duré pendant toute l'année antérieure au trouble. C'est ce qu'a implicitement décidé le tribunal du Havre, par jugement du 30 mars 1832, rapporté au Répertoire Dalloz, v^{is} *Action possessoire*, n° 192, en note ; c'est aussi l'opinion de Toullier, t. IX, n° 127.

139. L'année de possession requise comme condition de l'exercice de l'action possessoire doit être antérieure au trouble et non pas seulement à l'action possessoire elle-même ; elle doit même être antérieure au jour où le trouble a commencé, s'il a consisté en plusieurs actes successifs qui ont duré plus d'un jour. La loi exige une possession tout à la fois annale et paisible ; or, la possession qui n'était pas encore annale quand le trouble a commencé, a cessé d'être paisible dès cette époque. Cass., 26 janvier 1824.

---

(1) Dumoulin, sur l'art. 94 de la Cout. de Paris.

139 *bis*. Le trouble résultant de l'obstacle apporté, par la construction d'un mur, à l'accès d'un terrain sur lequel se trouve un lavoir public dont les habitants de la commune ont la jouissance, n'existe, et ne sert de point de départ à la prescription annale de l'action en complainte, que du jour où l'état d'avancement du mur a mis les habitants dans l'impossibilité de continuer à jouir de ce lavoir. Cass., 4 mai 1852, vol. 1852. Jay, *Annales j. p.*, 1852, p. 267.

140. Le premier jour du terme, celui *à quo*, ne compte pas ; quand même on pourrait constater l'heure où la possession a commencé, l'année ne serait pas expirée à l'heure et au jour correspondants. Par exemple si la prise de possession a eu lieu le 1er juin 1867, la possession annale ne sera acquise qu'après l'expiration du 1er juin 1868.

141. L'action fondée sur des faits de trouble remontant à plus d'un an et un jour constitue, non une action possessoire en complainte, mais une action pétitoire, et est, par suite, de la compétence des tribunaux de première instance, et non de celle des juges de paix. Pour qu'il en soit autrement, il faut que l'action possessoire soit intentée dans l'année du trouble. Douai, 30 juillet 1856. Jay, *Annales, j. p.*, 1858, p. 134.

142. La possession invoquée à l'appui d'une complainte possessoire doit être caractérisée, c'est-à-dire paisible, publique et non précaire. Cass., 18 nov. 1851; *ibid.*, 1852, p. 89.

143. Ces qualités ne sont pas, comme nous avons vu, les seules dont la possession capable d'autoriser l'action en complainte doive être revêtue. Ainsi, « pour pouvoir prescrire, il faut une possession « continue et non interrompue, paisible, publique, non équivoque « et à titre de propriétaire. » C. Nap., 2229.

144. « On est toujours présumé posséder pour soi et à titre de « propriétaire, s'il n'est prouvé qu'on a commencé à posséder pour « un autre. » C. Nap. 2229.

145. « Quand on a commencé à posséder pour autrui, on est « toujours présumé posséder au même titre, s'il n'y a preuve du « contraire. » C. Nap., 2231.

146. « Les actes de pure faculté et ceux de simple tolérance ne « peuvent fonder ni possession, ni prescription. » C. Nap., 2232.

147. « Les actes de violence ne peuvent fonder non plus une « possession capable d'opérer la prescription. » C. Nap., 2233.

148. « On ne peut pas prescrire contre son titre, en ce sens que « l'on ne peut point se changer à soi-même la cause et le principe « de sa possession. » C. Nap., 2240.

149. « On peut prescrire contre son titre, en ce sens que « l'on prescrit la libération de l'obligation que l'on a contractée. » C. Nap., 2241.

150. Nous examinerons successivement ce qui constitue la possession continue, et comment elle peut être interrompue ; la possession de pure tolérance, la possession à titre de propriétaire et non précaire.

151. La possession est *continue* lorsqu'elle a été exercée sans interruption par une même personne ou par ses héritiers ou ayants droit.

En effet, « pour compléter la prescription, on peut joindre à sa « possession celle de son auteur, de quelque manière qu'on lui « ait succédé, soit à titre universel ou particulier, soit à titre lu- « cratif ou onéreux. » C. Nap., 2235.

152. L'héritier peut donc invoquer la possession de son auteur, et, lors même que deux parties adverses tiendraient toutes deux leurs fonds du même auteur, elles seraient admises à invoquer réciproquement l'une contre l'autre la possession de l'auteur commun, et à la joindre à la leur pour compléter la possession annale. Cass., 15 déc. 1812.

153. Il en faut dire autant de l'usufruitier légal ou conventionnel : il profite de la possession du propriétaire pour se faire maintenir dans son usufruit. Ainsi, par exemple, il a été jugé que l'époux donataire contractuel, en cas de survie de l'usufruit d'un immeuble appartenant à l'autre époux, continue de plein droit la possession de ce dernier à partir de son décès, et peut joindre cette possession à la sienne propre, à l'effet de former la possession

annale exigée pour l'exercice de l'action possessoire. Cass., 14 décembre 1840.

154. Et réciproquement, quand l'usufruit fait retour à la propriété, le propriétaire peut user de la possession de l'usufruitier. Cette dernière opinion se trouve cependant contredite par un arrêt de la Cour suprême du 6 mars 1822, duquel il résulterait que l'usufruitier ne possédant pas pour *le propriétaire*, mais *pour lui-même et en son nom personnel*, et son droit s'éteignant par son décès, personne ne lui succède dans ce droit, de sorte que le nu propriétaire ne pourrait, à l'extinction de l'usufruit, faire valoir la possession de l'usufruitier, pour être admis à agir au possessoire.

Mais cet arrêt est critiqué à juste titre : De ce que l'usufruitier jouit *proprio nomine*, disent MM. Dalloz, n° 249, il ne faut pas conclure qu'il ne transmette pas au nu propriétaire son droit de possession, autrement il faudrait dire, par parité de motifs, que ce droit ne se transmet pas à son héritier, car ce n'est pas pour son héritier qu'on possède. Il suffit, pour qu'il y ait lieu à l'accession de possession que celle dont le nouveau possesseur veut se prévaloir soit liée à la sienne par un enchaînement nécessaire, de manière que celle-ci doive suivre celle-là dans son ordre régulier, certain. Or, c'est ce qui a lieu à l'égard des possessions successives de l'usufruitier et du propriétaire, le lien qui les unit se trouve dans la volonté de celui qui a constitué l'usufruit, et qui a entendu qu'au décès de l'usufruitier, la chose retournerait au nu propriétaire.

155. La Cour de cassation a encore jugé que le demandeur en revendication qui obtient gain de cause, ne peut joindre la possession du défendeur à la sienne (Req. 12 janv. 1832); mais cette solution ne paraît pas non plus fondée. On doit considérer, ce semble, les possesseurs consécutifs comme ayant entre eux les qualités d'auteur et de successeur, du moins dans le sens de l'article 2235. Cet article porte, en effet, en propres termes, que, pour compléter la possession, on peut joindre sa possession à celle de son auteur, de quelque manière qu'on lui ait succédé, *soit à titre universel ou particulier, soit à titre lucratif ou onéreux*, Or, le demandeur en revendication qui obtient gain de cause *succède* aux droits de propriété du défendeur, en vertu d'une disposition judi-

ciaire qui équivaut à une disposition légale, comme y équivaudrait aussi une disposition conventionnelle.

156. Ceux-là seuls peuvent former une action possessoire qui, par eux ou par les leurs, sont en possession paisible et à titre non précaire, *depuis une année au moins*. C. proc. civ., art. 23.

Or, d'après l'article 2234, C. Nap., « le possesseur actuel qui « prouve avoir possédé anciennement est présumé avoir possédé « dans le temps intermédiaire, sauf la preuve contraire. »

157. Par application de cet article, il a été jugé qu'il n'est pas nécessaire d'avoir fait des actes de possession dans l'année du trouble, pour pouvoir agir en complainte, la possession que l'on a acquise *corpore et animo*, par soi-même ou par ses auteurs, pouvant se conserver *animo solo*. Cass., 7 juin 1810.

158. Jugé que, de même, un acte de possession, à quelque époque qu'il remonte, suffit pour autoriser la complainte toutes les fois que, dans le temps intermédiaire, il ne s'est fait aucun acte possessoire contraire au premier; de sorte, par exemple, que celui de deux propriétaires voisins qui a fait dresser contre l'autre un procès-verbal, pour avoir coupé des arbres dans la haie séparative de leurs héritages, a fait par là un acte de possession de cette haie suffisant pour l'autoriser, même plusieurs années après, à agir en complainte contre son voisin, en cas de nouvelles entreprises de celui-ci sur la haie, si d'ailleurs cet acte de possession n'a été contredit dans le temps intermédiaire par aucun acte contraire. Cass., 5 déc. 1816.

159. Jugé encore que la possession qui ne peut se manifester qu'à de certains intervalles, par des faits distincts et plus ou moins séparés, ne cesse pas d'être continue, si elle est exercée dans toutes les occasions et à tous les moments où elle doit l'être; et qu'ainsi la récolte annuelle du varech constitue une possession continue, lorsqu'elle n'a été ni troublée ni interrompue aux époques où elle a dû se faire. Cass., 5 juin 1839.

160. Que le maître d'une servitude discontinue, de nature à n'être exercée qu'à de longs intervalles, telle que la servitude du tour d'échelle, peut être réputé en avoir la possession annale, bien

qu'il n'en ait pas usé depuis plusieurs années, s'il n'a rien été fait, durant ce laps de temps, qui soit contraire à son droit. Cass., 4 juillet 1838.

161. Qu'enfin, la prescription trentenaire est à bon droit déclarée acquise par le juge, encore que la preuve de la possession ne soit pas faite d'une manière continue ; il suffit que les interruptions existantes, non dans la possession elle-même, mais dans la preuve de cette possession, n'aient jamais eu lieu par l'effet d'une contradiction au droit du possesseur. Les lacunes qui peuvent exister dans la preuve de la possession sont couvertes par les actes de possession qui les ont précédées et suivies. Cass., 11 avril 1865.

162. L'action possessoire, fondée sur un fait de trouble commis dans l'année, est recevable, encore que ce fait de trouble ne serait que la répétition d'autres faits semblables, antérieurs de plus d'une année à la complainte. Cass., 1er août 1848.

163. Il est des cas où une possession de moins d'un an peut être réputée annale, ceux, notamment, où une chose immobilière est acquise par droit d'accession. C. Nap., 551 et suiv.

Ainsi, le propriétaire d'un terrain agrandi par suite d'alluvion, le riverain d'une rivière non navigable ni flottable, du côté duquel il s'est formé une île, sont recevables à se pouvoir en complainte, en cas de trouble dans la possession de la partie ajoutée au terrain par l'alluvion, ou de l'île, alors même que cette possession serait née depuis moins d'un an.

164. Mais il en serait autrement dans le cas où une rivière aurait enlevé par une force subite une partie reconnaissable d'un champ riverain, et l'aurait portée vers un champ inférieur ; ce n'est pas par accession, mais seulement par la prise de possession, que le propriétaire de ce dernier champ acquerrait alors la partie enlevée à l'héritage supérieur (C. Nap., 550). Ce n'est donc qu'après une possession annale qu'il pourrait former complainte à raison de cette partie. Bélime, n° 350 ; Dalloz, n° 284.

165. La possession ancienne fait-elle présumer la possession présente ? MM. Dalloz, n° 288, examinent cette question et font découler l'affirmative du principe incontesté que la possession se con-

serve *animo solo :* Il est évident, disent ces auteurs, d'après ce principe, combiné avec la règle suivant laquelle on ne peut être légèrement réputé abandonner ses droits, que si je prouve avoir fait, il y a peu d'années, des actes de possession, et si aucun indice grave ne vient démontrer que, depuis, j'aie tacitement abdiqué cette possession, je dois être considéré comme l'ayant intentionnellement conservée ; il serait tout à fait injuste, d'ailleurs, qu'une longue possession effective, suivie d'une possession *animo solo* de plus d'une année, ne fût pas un titre suffisant pour me faire maintenir en jouissance contre un adversaire qui ne justifie point m'avoir dépossédé. Cette doctrine, soutenue aussi par M. Garnier, p. 135, était, au surplus, généralement admise, comme l'atteste Dunod (Prescript., p. 18), par les anciens auteurs qui la formulaient en ces termes : *Olim possessor, hodie possessor præsumitur;* et c'est à tort qu'elle a été contredite par MM. Vazeille et Troplong, *Prescript.*, n°s 632 et suiv.

166. Mais la possession actuelle fait-elle présumer la possession annale ? Non, répondent les mêmes auteurs : celui qui justifie de sa possession ancienne est réputé l'avoir conservé jusqu'au moment où se sont opérés les premiers actes de jouissance dont son adversaire peut administrer la preuve, de sorte que celui-ci doit succomber s'il ne justifie que d'une détention actuelle. Peu importerait même que ce dernier fût défendeur dans l'instance : dès que le demandeur a prouvé la précédente possession, celle-ci s'étant continuée d'elle-même jusqu'à ce qu'elle ait été interrompue par le fait d'un tiers, c'est au défendeur à établir qu'il a opéré cette interruption depuis une année au moins ; que si, cependant, il produisait un titre de propriété, il faut reconnaître qu'il s'élèverait alors en sa faveur une forte présomption que sa possession remonte à la date de ce titre. Bélime, n° 427 ; Dalloz, n° 290.

167. « La prescription peut être interrompue ou naturellement « ou civilement. » C. Nap.. 2242.

168. « Il y a interruption naturelle, lorsque le possesseur est « privé pendant plus d'un an de la jouissance de la chose, soit par « l'ancien propriétaire, soit même par un tiers. » C. Nap., 2243.

169. « Une citation en justice, un commandement, ou une sai-

« sie, signifiés à celui qu'on veut empêcher de prescrire, forment « l'interruption civile. » C. Nap., 2244.

170. « La citation en conciliation devant le bureau de paix interrompt la prescription du jour de sa date, lorsqu'elle est suivie « d'une assignation en justice donnée dans les délais de droit. » C. Nap., 2245.

171. « La citation en justice, donnée même devant un juge incompétent, interrompt la prescription. » C. Nap., 2246.

172. « Si l'assignation est nulle par défaut de forme; — Si le « demandeur se désiste de sa demande; — S'il laisse périmer l'instance; — Ou si la demande est rejetée, — L'interruption est regardée comme non avenue. » C. Nap., 2247.

173. « La prescription est interrompue par la reconnaissance « que le débiteur ou le possesseur fait du droit de celui contre lequel il prescrivait. » C. Nap., 2248.

174. « L'interpellation faite, conformément aux articles ci-dessus, à l'un des débiteurs solidaires, ou sa reconnaissance, interrompt la prescription contre tous les autres, même contre leurs « héritiers. — L'interpellation faite à l'un des héritiers d'un débiteur solidaire, ou la reconnaissance de cet héritier n'interrompt « pas la prescription à l'égard des autres cohéritiers, quand même « la créance serait hypothécaire, si l'obligation n'est indivisible. « — Cette interpellation ou cette reconnaissance n'interrompt la « prescription, à l'égard des autres codébiteurs, que pour la part « dont cet héritier est tenu. — Pour interrompre la prescription « pour le tout, à l'égard des autres codébiteurs, il faut l'interpellation faite à tous les héritiers du débiteur décédé, ou la reconnaissance de tous ces héritiers. » C. Nap., 2249.

175. « L'interpellation faite au débiteur principal, ou sa reconnaissance, interrompt la prescription contre la caution. » C. Nap., 2250.

176. Telles sont les causes qui, d'après le Code Napoléon, interrompent la prescription.

177. Au nombre de ces causes se trouve la citation en justice,

même donnée devant un juge incompétent ; il n'est donc pas douteux que la prescription ordinaire ne soit interrompue par une pareille citation. Mais la question s'est élevée de savoir si, dans le cas où une citation au possessoire serait ainsi donnée devant un juge incompétent dans les derniers jours de l'année après le trouble, le demandeur pourrait encore, après que le tribunal mal à propos saisi aurait prononcé le renvoi de l'affaire pour incompétence, actionner de nouveau son adversaire devant le juge compétent, toutes choses demeurées en état. Telle n'est pas l'opinion de M. Bélime ; cet auteur pense, n° 63, qu'en général on n'évite pas une déchéance par une assignation nulle pour incompétence, et que l'article 2246, C. Nap., étant une exception à cette règle, son application doit être restreinte au cas pour lequel il a été fait, c'est-à-dire au cas où il s'agit d'une prescription, d'autant plus qu'il n'y a pas identité parfaite de position entre celui dont la prescription va éteindre irrévocablement le droit, si l'on n'attribue pas un effet suspensif à l'assignation par lui donnée devant un juge incompétent, et celui qui, déchu de l'action possessoire par le vice de sa citation, conserve encore la ressource de faire valoir ses droits au pétitoire. M. Dalloz, se bornant à rapporter sur cette question l'opinion de M. Bélime, sans se prononcer, nous croyons, quant à nous, l'opinion du savant professeur fondée, et il nous paraît vrai aussi de dire que l'exception édictée par l'article 2246 est toute spéciale, et qu'on doit dès lors se borner à l'appliquer à l'interruption de la prescription, sans l'étendre à la rigueur du délai fixé pour intenter l'action possessoire.

178. L'action possessoire intentée à une commune, qui est depuis plus d'une année en possession paisible, publique, non équivoque de l'immeuble litigieux, ne peut point être paralysée par des poursuites dirigées contre quelques-uns de ses habitants, et desquelles on prétendrait arguer une interruption de possession de la commune. Cass., 10 mai 1865. Jay, *Annales des j. de paix*, 1866, p. 60.

179. Après que les articles précités 2242 à 2250 du Code Napoléon ont eu déterminé les causes qui suspendent la prescription, les articles 2251 à 2259 indiquent les personnes contre lesquelles

la prescription ne court pas. Ces personnes sont principalement les mineurs et les interdits. Mais ces règles, applicables à la prescription ordinaire, ne paraissent pas devoir être suivies en matière d'action possessoire. L'action possessoire, ainsi que nous l'avons expliqué plus haut, est une garantie de l'exercice du droit de propriété, et, en même temps, du maintien de l'ordre public ; les règles qui la concernent ont été principalement édictées dans un intérêt social, supérieur, par conséquent, à tous les intérêts individuels, et auxquels doit être même sacrifié l'intérêt des interdits et des mineurs. Cette action ne peut aboutir, d'ailleurs, qu'à une simple maintenue possessoire ; les droits de propriété restent toujours saufs ; ils peuvent toujours être revendiqués par l'action pétitoire ; et, s'il arrivait que la maintenue d'un tiers en possession d'une propriété appartenant à un mineur fût préjudiciable à la revendication au pétitoire, le mineur aurait son recours contre son tuteur, lorsque surtout celui-ci aurait, par sa négligence, laissé courir la possession annale.

180. Il ne suffit pas que la possession soit publique, paisible, continue, il faut encore qu'elle soit *non équivoque*, *non précaire*, exercée *à titre de propriétaire*, et qu'elle ne soit pas fondée sur des *actes de simple tolérance :* « Pour pouvoir prescrire, dit l'art. 2229, C. Nap., il faut une possession continue et non interrompue, paisible, non équivoque, et à titre de propriétaire. »

« Les actes de pure faculté ou de simple tolérance, ajoute l'article 2232, ne peuvent fonder ni possession ni prescription. »

181. Lorsque deux héritages sont séparés par une clôture, la possession dans laquelle est le propriétaire de l'un de ces héritages de jouir de son terrain jusqu'à la clôture ne peut, sur l'action en réintégrande, lui être contestée, sous le prétexte que des bornes anciennes limitent sa propriété à deux mètres en deçà de cette même clôture, et que, sous ce rapport, sa possession au delà des bornes ne peut être considérée que comme purement précaire, et non *animo domini*. Cass., 20 nov. 1833.

182. Si deux champs appartenants à deux propriétaires différents sont séparés par un fossé ou rigole, l'action au possessoire de l'un des deux propriétaires, fondée sur ce qu'il a joui de ce fossé, qu'il

l'a curé et entretenu depuis plus d'un an avant le trouble apporté à sa possession par l'autre propriétaire, est recevable ; et il n'y a pas lieu d'accorder un sursis au défendeur pour faire juger au pétitoire que, d'après la disposition et l'état des lieux, le fossé est mitoyen. Just. de paix de Condom, 11 oct. 1851. Jay, *Annales*, *j. p.*, 1851, p. 78.

183. Lorsqu'un ruisseau a abandonné naturellement son cours, le fait, par le propriétaire du fonds sur lequel coulait le ruisseau, d'avoir cultivé le lit abandonné sans trouble, constitue une possession légale et utile, propre à caractériser, suivant les cas, soit la prescription trentenaire pour éteindre définitivement une servitude de prise d'eau établie sur ce ruisseau, soit la possession annale qui sert de base à l'action possessoire. Cass., 20 déc. 1847. *Ibid.*, 1848, p. 110.

184. Lorsque deux propriétaires voisins ont le même fermier, les faits de possession exercés par ce fermier sur l'un des héritages dans l'intérêt de l'autre, tels, par exemple, qu'une prise d'eau opérée au profit de celui-ci, au moyen d'une rigole creusée par celui-là, peuvent être considérés comme équivoques, et par suite comme insuffisants pour constituer une possession civile pouvant servir de base à la complainte. Cass., 19 mars 1834.

185. Il a été jugé que le fait d'avoir coupé des litières sur des brandes (espèces de terres vaines et vagues), d'y avoir fagoté des épines et fait paître des bestiaux, peut être considéré comme suffisamment caractéristique d'une possession capable de servir de base à la complainte, et non pas seulement d'une possession de simple tolérance. Cass., 21 fév. 1827.

186. Pareillement, le fait d'avoir mené pacager ses bestiaux sur un terrain peut être valablement allégué pour établir un droit de copossession sur ce terrain, s'il n'est susceptible que de ce mode de jouissance. Cass., 8 janv. 1835.

187. De même le fait par les habitants d'une commune d'avoir mené paître leurs bestiaux sur des terrains vains et vagues, d'y avoir établi des chemins, pris des terres et extrait des matériaux moyennant redevance au profit de la commune, en un mot, d'avoir

recueilli tous les produits dont ces terrains sont susceptibles, a pu être considéré comme constituant une possession non précaire, suffisante pour autoriser la complainte possessoire, encore que celui qui se prétend propriétaire desdits terrains aurait, par le payement de l'impôt, manifesté l'intention d'en conserver la possession, la possession ne se conservant *nudo animo* qu'autant qu'elle n'est point contrariée par la possession réelle d'un tiers. Cass., 20 mai 1851. Jay, *Annales, j. p.*, 1851, p. 14.

Et peu importe que l'ancienne coutume locale (celle de Bretagne, art. 393) ait considéré de tels faits de jouissance appliqués à des terrains vains et vagues comme essentiellement précaires, cette coutume étant sans force sous le Code Napoléon. *Ibid.*

188. Mais pour que les propriétaires riverains d'un terrain inculte, vain et vague, puissent prétendre à la possession de ce terrain et intenter contre la commune, en cas de trouble résultant de clôture, une action possessoire, il faut que leur possession ait été bien caractérisée : il ne suffirait pas, notamment, qu'ils eussent fait sur ce terrain de nombreux dépôts de diverse nature, qu'ils y eussent mené leurs animaux pâturer, qu'ils y eussent fait débiter du bois et pris des gazons ou de l'argile, si, à raison de leur proximité, de l'éloignement des autres habitants et de la nature improductive du terrain, ils ont pu se livrer plus souvent à ces divers actes de jouissance, et si les autres habitants de la commune ont exercé comme eux, quoique plus rarement, les mêmes actes. De pareils faits doivent être considérés comme des tentatives d'empiétement qu'aucune surveillance efficace, à cause de l'éloignement du centre de la commune et de la proximité des riverains, ne pouvait empêcher ; et, par suite, ils doivent être considérés comme étant sans valeur comme actes possessoires. Cass., 21 juin 1866. *Ibid.*, 1866, p. 332.

189. Le jugement rendu au possessoire par un juge de paix étranger, quoique non exécutoire en France, suffit pour rendre certain le fait de la possession en faveur de celui qui a obtenu ce jugement. Spécialement, l'adjudicataire d'une forêt ne peut s'appuyer sur sa possession, pour prétendre un droit exclusif sur les haies et arbres servant de limite entre sa forêt et celle d'un propriétaire contigu, lorsque celui-ci a été déclaré possesseur par juge-

gement rendu par un juge de paix étranger entre lui et le réclamant. Cass., 21 fév. 1826.

190. Mais comme, pour qu'il y ait lieu à l'action possessoire, et pour que la possession, en se prolongeant, produise la prescription, il faut que cette possession ait été paisible, non équivoque, et exercée à titre de propriétaire, l'action possessoire est non recevable, s'il est déclaré que le demandeur n'exerçait la possession qu'en qualité d'habitant de la commune, et au moyen d'actes d'occupation temporaires et partiels. Cass., 11 février 1857. Jay, *Annales j. p.*, 1857, p. 235.

191. La question s'est présentée de savoir si l'on peut posséder des arbres séparément du terrain sur lequel ils existent. L'affirmative est professée par MM. Pardessus, Toullier, Proudhon, *de l'Usuf.*, I, 8, et Garnier, p. 221. Sans doute, disent ces auteurs, il sera rare que les arbres et le terrain qui les environne appartiennent à diverses personnes, mais cela est possible; on peut, par exemple, avoir acquis, par titre, le droit de jouir d'arbres fruitiers plantés sur la propriété d'un tiers jusqu'au moment où ces arbres viendront à périr. Point de doute que, dans ce cas, l'action possessoire ne soit ouverte contre le propriétaire du terrain qui usurpe la jouissance des arbres. MM. Bioche et Gouget, *Dict. de procéd.* (vis *Action possessoire*, n° 67), et Carou, n° 71, émettent une opinion contraire. Nous croyons, avec M. Dalloz, que la solution de la question dépend des faits et des circonstances : si la possession séparée des arbres et du terrain est bien établie, il nous paraît évident que les arbres et le terrain pourront être l'objet d'une possession et d'une prescription distincte, et c'est ce qu'a, en effet, admis la jurisprudence.

192. Ainsi, jugé que l'on peut acquérir la possession d'élaguer et de défruiter des arbres croissant sur la berge d'un fossé, sans acquérir le terrain lui-même. Caen, 14 juill. 1825.

193. Qu'un jugement peut, sans violer aucune loi, adjuger à l'une des parties les bois existants sur une montagne, et à l'autre les herbes et chaumes venant sous ces bois. Cass., 26 déc. 1833.

194. Et que, pareillement, un propriétaire peut avoir la posses-

sion d'arbres par lui plantés sur une chaussée, tandis qu'un autre a celle des herbages qui y croissent. Cass., 13 fév. 1834.

195. Pour que l'action possessoire puisse être intentée, il n'est pas nécessaire que le demandeur puisse invoquer une possession exclusive. Un droit de copropriété ou la possession d'une chose commune peut donc être, de la part du possesseur, la base d'une action en complainte ou même en réintégrande.

Ainsi il a été jugé que la complainte peut être intentée par des communistes contre le copropriétaire qui exerce sur tout ou partie des biens communs des actes caractéristiques de la volonté de posséder pour lui seul. Cass., 9 juill. 1811 et 27 juin 1827.

196. Et que, de même, il suffit que des individus soient reconnus avoir la possession promiscue d'un terrain en état de vaine pâture, pour qu'en cas de trouble apporté par l'un, l'autre soit recevable à intenter l'action possessoire, sans que le tribunal puisse se déclarer incompétent sous le prétexte que, la possession dont le terrain est susceptible par sa nature n'étant que de pure tolérance, il ne saurait y avoir lieu, entre les parties, qu'à une action relative à la propriété. Cass., 19 nov. 1820.

197. Mais lorsque l'un des copropriétaires a la possession annale exclusive de fonds commun, par exemple, lorsque l'un des cohéritiers possède pour lui seul, depuis plus d'un an, un immeuble de la succession, il est, sans contredit, fondé à exercer la complainte pour se faire maintenir dans sa jouissance, s'il y est troublé par ses copropriétaires ou cohéritiers. Cass., 13 nov. 1822.

198. Il résulte d'un autre arrêt que lorsque aux termes des règlements d'une communauté, on ne peut prendre part à la chose commune qu'en résidant dans un lieu déterminé, celui qui a été privé de sa part par défaut de résidence ne peut agir par action possessoire pour se faire maintenir en jouissance, toute possession contraire aux règlements qui font la loi commune étant une possession de pure tolérance, une possession abusive et précaire. Cass., 7 juin 1820.

199. Lorsque la possession d'un cours d'eau est commune entre plusieurs riverains ou propriétaires d'usines, l'un d'eux ne peut

poursuivre, par voie d'action possessoire, la répression des changements apportés par les autres dans leur mode de jouissance, s'il est constaté, d'une part, que le nouveau mode de jouissance est conforme à des titres anciens et incontestés, et d'autre part, que le demandeur au possessoire n'a fait aucune œuvre de nature à constituer à son profit une possession annale restrictive des faits de jouissance dont il se plaint. Cass., 30 nov. 1859. Jay, *Annales, j. p.*, 1860, p. 165.

200. Le Code déclare encore la possession fondée sur la pure volonté ou la simple tolérance incapable de servir de fondement à l'action possessoire. C. Nap., 2232.

201. Selon cette disposition, il a été jugé que l'usage plus ou moins restreint que le propriétaire d'un moulin fait, dans son propre intérêt et selon sa connaissance, de la faculté qu'il a de tenir son réservoir plein ou de le vider en tout ou en partie, ne peut faire acquérir à un tiers une possession limitative de cette faculté. Ainsi, quoique le système hydraulique d'un moulin ait longtemps été tel que le réservoir des eaux destinées à faire mouvoir la roue s'emplissait et se vidait alternativement, ce système a pu être remplacé par un autre qui exige que le réservoir soit toujours plein, sans que ce changement puisse donner ouverture à complainte de la part du propriétaire supérieur, à raison du reflux des eaux résultant de cette innovation, attendu que la possession qui sert de base à cette action n'a eu qu'un caractère précaire. Cass., 4 déc. 1837.

202. Jugé encore, d'après ces principes, que la faculté laissée aux habitants d'une commune, par tolérançe de l'administration municipale, d'extraire du lit d'un torrent les pierres et le sable que les eaux y déposent, ne confère point à ceux des habitants qui seraient troublés par d'autres dans l'exercice de cette faculté le droit d'intenter contre ces derniers une action possessoire. Cass., 29 août 1831.

203. Le juge du possessoire ne doit prendre en considération que les faits de possession accomplis dans l'année qui a précédé le trouble prétendu. En conséquence, s'il est constaté que la possession annale du demandeur en complainte ne consistait que dans des actes simplement caractéristiques de l'exercice d'une servitude

discontinue, comme des faits de puisage d'eau dans un vivier, et qu'une possession plus complète et à titre de copropriétaire de ce vivier, qu'il aurait exercée autrefois, s'était restreinte depuis plus de vingt ans à ces seuls actes, le juge ne peut faire état de cette possession ancienne et interrompue pour qualifier la possession annale incomplète comme possession *animo domini* et pour accueillir la complainte. Cass., 17 décembre 1862. Jay, *Annales j. p.*, 1863, p. 193.

204. « Ceux qui possèdent pour autrui ne prescrivent jamais, « par quelque laps de temps que ce soit. Ainsi le fermier, le dépo- « sitaire, l'usufruitier, et tous autres qui détiennent précairement « la chose du propriétaire, ne peuvent la prescrire. C. Nap., 2236.

205. « Les héritiers de ceux qui tiennent la chose à quelqu'un « des titres désignés par l'article précédent, ne peuvent non plus « prescrire. C. Nap., 2237.

206. « Néanmoins, les personnes énoncées dans les art. 2236 « et 2237 peuvent prescrire, si le titre de leur possession se trouve « interverti, soit par une cause venant d'un tiers, soit par la con- « tradiction qu'elles ont opposée au droit de propriétaire. C. Nap., « 2238.

207. « Ceux à qui les fermiers, dépositaires et autres détenteurs « précaires ont transmis la chose par un titre translatif de pro- « priété, peuvent la prescrire. C. Nap., 2239. »

208. Ce qui caractérise la détention pour autrui dans le sens de ces articles, c'est que les détenteurs ont reçu la chose pour en jouir ou l'administrer, avec charge de la conserver dans l'intérêt d'autrui. Aussi doit-on considérer comme tels, outre les dépositaires et commodataires, les tuteurs, les mandataires, les syndics, les régisseurs, et les maris par rapport aux biens de leurs femmes. — Mais on ne saurait étendre la même qualification, soit à celui qui a conservé la possession d'un immeuble après avoir été condamné à le délaisser, soit au vendeur qui serait resté en possession après la vente, car ni l'un ni l'autre n'ont été investis par la confiance du maître du soin de veiller à la conservation de l'immeuble ; on n'a point placé celui-ci sous la sauvegarde de leur bonne foi (Dalloz,

n° 118; Bélime, n°s 45 et suiv.). Mais si leur possession n'est pas précaire, ne peut-on pas la regarder comme équivoque? Ils ne possèdent évidemment pas *animo domini*. La Cour de cassation a jugé que celui qui, après avoir succombé sur une action possessoire, relative à un droit de passage, a joui pendant an et jour de ce même passage, s'il vient ensuite à être troublé dans sa jouissance, ne peut plus exercer l'action possessoire; car alors il n'a joui qu'à titre précaire. Cass., 12 juin 1809.

209. Et, par le même motif, il a été également décidé que l'acquéreur qui a joui par lui-même, pendant plus d'une année, d'un droit de prise d'eau, ne peut se faire maintenir dans cette jouissance par action possessoire, si son vendeur avait déjà, avant la vente, succombé dans une action semblable. Cass., 17 mars 1819.

210. Cependant ces décisions ne paraissent pas à MM. Dalloz (n° 216) à l'abri de toute critique. Ils soutiennent, notamment, que celui qui ne détient pas pour autrui et dont la jouissance *animo domini* a été déclarée par un jugement trop peu significative pour constituer une véritable possession civile, doit pouvoir acquérir dans la suite une possession de cette nature par des faits de jouissance mieux caractérisée; mais ne peut-on pas dire que le vice originaire de la possession est, en pareil cas, permanent? Il est certain, toutefois, que si le possesseur était, malgré le jugement rendu contre lui, laissé pendant trente ans en jouissance, il deviendrait définitivement propriétaire : toutes les actions, tant réelles que personnelles, sont prescrites par trente ans, dit l'article 2262, C. Nap., sans que celui qui allègue cette prescription soit obligé d'en rapporter un titre ou qu'on puisse lui opposer l'exception déduite de la mauvaise foi. Or, la prescription par la possession annale, en fait d'action possessoire, n'est-elle pas de même nature, et ne faut-il pas considérer d'ailleurs que, d'après l'art. 2230 du Code, on est toujours présumé posséder pour soi et à titre de propriétaire, s'il n'est prouvé qu'on a commencé à posséder pour un autre, de même que, d'après l'art. 2231, quand on a commencé à posséder pour autrui, on est toujours présumé posséder au même titre s'il n'y a preuve du contraire? Ainsi, relativement à la bonne foi du possesseur, la loi semble se montrer facile; ce qu'elle consi-

dère surtout comme viciant la possession dans son principe, c'est le défaut de possession personnelle, c'est la possession pour autrui ou au nom d'autrui. Et si l'on ajoute à ces considérations que l'action possessoire a été fondée tout exprès pour garantir la possession annale, paisible, publique, et à titre de propriétaire, c'est-à-dire de possesseur possédant aux yeux de tous comme propriétaire, faisant aux yeux de tous les actes de propriétaire, on se convaincra qu'en effet, quoiqu'un premier jugement passé en force de chose jugée ait déclaré que le défendeur à la complainte n'avait pas une possession suffisante, si ce jugement n'a pas été exécuté, si le défendeur a été laissé maître des lieux, si de nouveaux actes de possession non équivoque ont été faits par lui pendant une année, il pourra repousser des faits de troubles nouveaux par l'action possessoire.

Mais, d'un autre côté, ne faut-il pas considérer aussi que celui qui a obtenu un jugement n'est pas forcé de l'exécuter sur-le-champ, que le temps moral nécessaire doit lui être laissé pour cette exécution, et n'en faut-il pas conclure que ce ne serait pas après une année à partir du prononcé du jugement que le possesseur contre lequel il aurait été rendu pourrait se prévaloir de nouveau de la possession annale, mais bien après l'expiration d'un temps suffisant pour qu'une espèce de renonciation à l'exécution du jugement obtenu pût être présumée : cette dernière considération nous paraît dominante. Il y aurait à tenir compte, en outre, des faits qui viendraient à l'appui de cette présomption de renonciation à l'exécution, et aussi, comme nous le disions plus haut, des faits nouveaux de possession plus ou moins caractéristiques que le défendeur aurait publiquement accomplis.

211. Les détenteurs pour autrui peuvent prescrire, dit l'art. 2238, C. Nap., si le titre de leur possession se trouve interverti, soit par une cause venant d'un tiers, soit par la contradiction qu'ils ont opposée au droit du propriétaire.

212. Il y a contradiction au droit du propriétaire, non-seulement quand on signifie au propriétaire ne plus vouloir posséder pour lui, mais aussi lorsqu'on le repousse en lui contestant sa propriété, et, dès qu'elle peut ainsi ne consister qu'en fait, la contradiction semble de nature à être prouvée par témoins, comme le pensent

MM. Troplong, n° 514, et Bélime, n° 110, contrairement à l'opinion de MM. Vazeille, et Dalloz, n° 261.

213. Et non-seulement la prescription court en faveur du détenteur précaire dont le titre se trouve interverti par la contradiction qu'il a opposée au droit du propriétaire, mais même, ceux à qui les détenteurs précaires, fermiers, dépositaires ou autres, ont transmis la chose par un titre translatif de propriété peuvent la prescrire. C. Nap., 2239.

214. Par titre translatif de propriété, la loi entend ici toute transmission de biens à titre particulier, telle qu'une vente, une donation, mais non à titre universel; ainsi le légataire universel et même le légataire à titre universel continuant la personne du défunt, ne posséderait pas plus que son auteur, et ne pourrait dès lors invoquer le bénéfice de l'art. 2239.

215. Il n'est pas nécessaire que l'aliénation consentie par le fermier ait été faite de bonne foi pour qu'elle puisse opérer la dépossession du bailleur; la loi n'exige point cette condition : l'acquéreur commence donc par posséder utilement, bien qu'il ait connu, lors du contrat, la véritable qualité du vendeur. Cette opinion est exprimée par MM. Dalloz, n° 264 ; nous serions porté à l'adopter s'il s'agissait de la prescription de trente ans, laquelle est indépendante de la bonne foi et basée sur l'ordre public; mais nous ne croyons pas qu'il en puisse être de même de la possession annale. L'action possessoire, ainsi qu'on l'a vu, est principalement destinée à protéger le véritable possesseur. Celui qui a su que son vendeur ne détenait qu'à titre précaire, qu'il n'était par exemple que fermier de l'immeuble qu'il lui a vendu, ne doit pas être protégé par l'art. 2239 ; il y a eu entre le fermier et lui, par le fait seul qu'il savait la position du vendeur, une véritable connivence.

216. Il n'en serait pas de même d'actes d'usurpation sur la chose, commis par un tiers contre le détenteur précaire. Tout ce que ferait un tiers contre un fermier, par exemple, serait censé fait contre le propriétaire lui-même, de sorte que l'usurpation, si elle était manifestée par des actes matériels suffisamment caractérisés et publics, enlèverait la possession du propriétaire, sauf le recours

en dommages-intérêts auquel pourrait donner lieu au profit de celui-ci la négligence du détenteur précaire. C. Nap., 1768.

217. Mais le trouble de droit a-t-il en pareil cas le même effet que le trouble de fait? L'affirmative résulterait d'un arrêt de la Cour de cassation du 12 octobre 1814, lequel a jugé que tout trouble de droit dirigé contre le fermier a les mêmes effets que s'il était dirigé contre le propriétaire lui-même; et spécialement que la complainte doit être intentée dans l'année du trouble, à peine de déchéance, quoiqu'il s'agisse d'un simple trouble de droit, exercé contre un fermier qui n'en a point averti le propriétaire.

Nous ne saurions admettre la décision consacrée par cet arrêt : la publicité est une des conditions essentielles de la possession qui doit servir de base à l'action possessoire, de même que du trouble à partir duquel la possession peut être considérée comme interrompue. Or, si le trouble de fait se signale par des actes publics dont le bailleur qui surveille ses propriétés peut toujours être suffisamment averti, nonobstant la négligence de son fermier, il n'en est pas de même du simple trouble de droit; le bailleur n'a eu aucun moyen d'en être informé, si, par incurie ou par collusion, le preneur a omis de l'en instruire. Rien ne lui révélait l'existence d'une sommation que celui-ci a tenue secrète. Il a pu ignorer de même le payement qui en a été la suite, et qui n'est constaté, d'ailleurs, que par la quittance plus ou moins suspecte de l'usurpateur. On ne saurait donc voir dans la sommation et le payement dont il s'agit des actes assez patents et assez caractérisés pour opérer la dépossession du bailleur.

218. Nous avons vu que, d'après l'art. 2233, C. Nap., les actes de violence ne peuvent fonder une possession capable d'opérer la prescription, et que la possession utile ne commence que lorsque la violence a cessé. Il en est nécessairement de même de toute possession *délictueuse*, c'est-à-dire résultant d'un délit; une pareille possession ne peut pas servir de base à l'action possessoire.

219. MM. Dalloz expliquent ainsi, n° 206, par interprétation de l'art. 2233, comment il faut distinguer, en matière de possession délictueuse, celle qui n'a ce caractère qu'à son origine, et celle qui le conserve pendant toute sa durée. Ainsi, quoique marquée à son

début par une violence punissable, la possession devient utile à partir du moment où la violence a cessé, le caractère délictueux de la prise de possession ne s'étend point aux faits de jouissance paisible qui ont suivi; mais lorsque le même délit qui a signalé le début de la possession se reproduit dans les faits de jouissance ultérieurs, la loi résiste perpétuellement à une pareille possession qui n'est qu'un délit prolongé; elle la rend tout entière inefficace. Elle ne permet pas, par exemple, que la possession d'un barrage établi sans autorisation sur un cours d'eau dans l'intérêt d'une usine, puisse être le fondement d'aucun droit au profit de l'usinier contre les tiers auxquels ce barrage porte préjudice.

220. Le jugement qui déclare une action possessoire mal fondée, faute de justification de la part du demandeur d'aucun fait de possession dans l'année du trouble, n'implique pas le maintien d'une possession contraire en faveur du demandeur, lequel reste dès lors tenu, malgré ce jugement, si, plus tard, il se porte lui-même demandeur en complainte contre la partie qui avait intenté la première action, d'établir la preuve de sa possession annale, à l'époque où il a été troublé. Cass., 21 mars 1854.

D'ailleurs, la reconnaissance implicite de la possession du défendeur à une action possessoire rejetée ne suffirait pas pour justifier l'action possessoire que ce défendeur intenterait ultérieurement à son tour contre le demandeur, une telle reconnaissance ne mettant pas obstacle à la perte de cette possession. *Ibid.*

221. Une demande au pétitoire n'emporte pas, de la part du demandeur, l'aveu tacite que la possession de l'immeuble revendiqué appartient au défendeur, et ne le prive pas, dès lors, de la faculté de se prévaloir de cette possession, à l'effet d'établir son droit de propriété par la prescription. Cass., 9 juin 1852.

En conséquence, le juge saisi de cette demande a pu déclarer, d'une part, que le demandeur avait, à l'époque de l'action, une possession susceptible, par sa nature et par sa durée, de fonder la prescription, et, d'autre part, que les titres produits par le défendeur étaient insuffisants, soit pour contre-balancer cette possession, soit pour en détruire le caractère, sans qu'une telle décision, qui repose sur une appréciation souveraine de faits et d'actes, tombe sous le contrôle de la Cour de cassation. *Ibid.*

CHAPITRE VII.

De l'introduction de l'action possessoire dans l'année du trouble.

222. L'article 23 du Code de procédure civile est ainsi conçu : « Les actions possessoires ne seront recevables qu'autant qu'elles « auront été formées, *dans l'année* du trouble, par ceux qui depuis « une année au moins étaient en possession paisible, par eux ou « les leurs, à titre non précaire. »

Ainsi, après l'année du trouble, l'action possessoire ne peut plus être intentée; et c'est le plus souvent, alors, à l'auteur même du trouble qu'elle appartient, puisque celui-ci aura été en jouissance pendant plus d'une année.

223. Jugé, d'après cette disposition formelle de la loi, que la complainte intentée par une partie qui ne prouve pas s'être pourvue dans l'année du trouble ne peut être accueillie (Cass., 6 avril 1824 et 9 décembre 1823); et que, par la même raison, on ne peut considérer comme une action possessoire celle en élagage des arbres dont les branches s'étendent, *depuis plusieurs années*, du fonds voisin sur celui du demandeur. Cass., 29 décembre 1830.

224. La circonstance qu'une partie des travaux d'où provient le dommage existe depuis plus d'une année, ne peut être invoquée contre le complaignant, s'il est reconnu que c'est de la portion récente des travaux que résulte immédiatement le préjudice souffert par celui-ci. Spécialement, il y a lieu à l'action possessoire pour dommage causé par un barrage composé de deux parties, l'une permanente en maçonnerie, existante depuis plus d'un an, l'autre *mobile*, qui s'adapte à la première, et c'est de cette dernière partie des travaux que le dommage provient directement. Cass., 9 janvier 1833.

225. Lorsque le propriétaire d'un moulin, qui a demandé à l'autorité administrative l'autorisation de faire des réparations à la

chaussée d'un étang supérieur, sur lequel il se prétend en possession d'exercer une retenue pour l'alimentation de son usine, reçoit une opposition à sa demande de la part du propriétaire de l'étang, qui lui dénie tout droit sur la chaussée et sur les eaux, et que, sur les protestations de ce dernier, il intervient un arrêté préfectoral prononçant le sursis, jusqu'à ce que le demandeur ait fait reconnaître son droit par l'autorité judiciaire, ce propriétaire du moulin doit, à peine de déchéance, intenter l'action possessoire contre le propriétaire de l'étang, dans l'année, non à partir de l'arrêté préfectoral, mais bien à compter de l'opposition constitutive du trouble dont il se plaint. Cass., 27 juin 1864; Jay, *Annales j. p.*, 1865, p. 33.

Dans ce cas, lorsque le propriétaire du moulin n'agit qu'après l'année de l'opposition, il est réputé exercer son action après l'année du trouble. *Ibid.*

Il en est ainsi alors surtout que le demandeur, dans sa citation au possessoire, et le jugement dans ses appréciations de fait, reconnaissent que les protestations administratives constituent des faits de trouble pouvant donner lieu à l'action possessoire. *Ibid.*

226. Le délai fixé pour l'exercice de l'action possessoire court du jour du trouble de fait qui sert de base à cette action, et non pas seulement du trouble de droit qui a suivi le trouble de fait, encore bien que celui-ci ait immédiatement cessé par un fait contraire du possesseur troublé. Ainsi, par exemple, lorsqu'un particulier a creusé des fossés sur un terrain dont la possession lui est contestée par une commune, et lorsque ces fossés ayant été sur-le-champ comblés par les habitants, il a traduit ceux-ci, à raison de cette voie de fait, devant le tribunal correctionnel, la commune qui veut se pourvoir au possessoire contre ce particulier, doit le faire dans l'année à partir du trouble de fait résultant du creusement des fossés, quoique ceux-ci aient été comblés immédiatement, et non pas seulement à partir du trouble de droit résultant de la citation en police correctionnelle donnée à ceux qui ont opéré ce comblement, car le trouble apporté à la prétendue possession de la commune par le creusement des fossés n'a pu être détruit par une voie de fait contraire, et doit dès lors servir de point de départ à la prescription de l'action possessoire. Cass., 22 avril 1839.

227. L'action possessoire exercée à raison de changements apportés dans le mode de jouissance d'un cours d'eau, par l'un des riverains, a pu être considérée comme formée en temps utile dans l'année, à partir du jour où des travaux ont donné aux faits de jouissance nouveaux le caractère d'un véritable trouble, encore qu'ils se seraient produits quelquefois plus d'un an avant la demande, s'ils n'ont eu lieu qu'accidentellement, et sans révéler chez leur auteur l'intention d'user d'un droit. Cass., 3 août 1852; Jay, *Annales j. p.*, 1852, p. 380.

228. La demande formée, après l'année du trouble, en reprise d'une instance possessoire intentée dans le délai utile, mais par une personne sans qualité pour agir, doit être rejetée comme non recevable. Spécialement, la complainte exercée, quoique en temps utile, par un individu qui, s'étant précédemment dessaisi par donation de l'immeuble en litige, n'en était plus propriétaire ni possesseur, est nulle ; et cette nullité s'étend à la demande en reprise d'instance formée par le donataire après le décès du donateur et plus d'un an depuis le trouble, car cette demande, considérée comme action en reprise, est frappée de la même nullité que l'action originaire ; et, considérée comme action nouvelle en complainte, elle est tardive et non recevable. Cass., 26 mai 1829.

229. Mais la prescription annale de l'action possessoire n'est point interrompue par les poursuites correctionnelles exercées par le possesseur contre l'auteur du trouble, l'action correctionnelle n'ayant en pareil cas pour objet que la répression du délit, et ne pouvant dès lors suppléer l'action en complainte, qui en est distincte et indépendante. Cass., 20 janvier 1824.

CHAPITRE VIII.

De l'action possessoire relativement aux biens du domaine public, du domaine de l'État, de la couronne, des départements, des communes, cours d'eaux navigables ou non, rues, églises, cimetières, routes, chemins de fer, étangs, marais, marais salants, etc. — Confins des héritages.

230. Les biens du domaine public considérés au point de vue de l'action possessoire doivent être divisés en deux espèces : 1° ceux qui sont hors du commerce par leur nature, comme, par exemple, les fleuves ou la partie des fleuves navigables ou flottables; 2° ceux qui ne sont hors du commerce que parce qu'ils sont actuellement consacrés à un service public ou à l'usage du public et qui deviennent susceptibles de possession privée, et, par conséquent, de prescription, lorsqu'ils sont détournés de cette destination par l'autorité compétente : tels sont les routes, les rues, les chemins vicinaux, les églises, les cimetières, etc.

231. Aux termes de l'art. 2227, C. Nap., les biens qui font partie du domaine de l'État sont prescriptibles, à l'exception de ceux consacrés à l'usage du public. Par conséquent, une propriété appartenant à l'État peut être l'objet d'un action en complainte de la part du possesseur. *Annales*, Cass., 22 juin 1836.

232. Il en serait ainsi, et l'action possessoire serait recevable, alors même qu'elle serait exercée à l'occasion, soit de biens nationaux dont l'aliénation était soumise à certaines conditions, soit même de biens nationaux dont l'aliénation serait actuellement prohibée, si d'ailleurs ils n'étaient point par leur nature insusceptibles d'être vendus. Aussi résulte-t-il de plusieurs arrêts du conseil d'État qu'il appartient au juge de paix de statuer sur l'action possessoire exercée à l'occasion de domaines nationaux contre les fermiers ou acquéreurs de ces biens. L'un de ces arrêts porte : « Considérant que l'action jugée par le juge de paix de Saint-Gilles, et ensuite

par le tribunal d'arrondissement, étant relative à la possession annale, appartient aux attributions de l'autorité judiciaire. » Décr. cons. d'État, 25 janv. 1807.

Un autre est ainsi conçu : « Considérant que le juge de paix était compétent pour prononcer sur la possession annale, et que son jugement laisse aux parties la faculté de faire valoir leurs droits respectifs au pétitoire devant les autorités compétentes. » Décr. cons. d'État, 16 août 1808, 9 sept. 1806, 7 oct. 1812.

233. Est recevable l'action possessoire entre particuliers, bien qu'ayant pour objet un terrain formant dépendance du domaine public, l'imprescriptibilité des choses domaniales ne pouvant être opposée que par l'État. Cass., 23 août 1859 ; Jay, *Annales j. p.* 1860, p. 111.

Dès lors, le juge saisi de cette action est tenu de statuer sans s'occuper du caractère domanial de l'objet litigieux, et sans qu'il y ait lieu d'ordonner la mise en cause de l'État, pour rechercher, à l'aide d'un débat contradictoire, si cet objet fait ou non partie du domaine public. *Ibid.*

234. Les monuments publics font incontestablement partie du domaine public, et sont imprescriptibles. Il en faut dire autant, d'après MM. Dalloz, des édifices affectés à un usage d'intérêt public, tels, par exemple, que les hôtels des grandes administrations, bien qu'ils ne paraissent pas compris par l'art. 538., C. Nap., dans l'énumération des choses appartenant au domaine public. Quant à la question de savoir si l'on peut néanmoins acquérir sur ces édifices des droits de servitude, quoiqu'elle soit résolue affirmativement par quelques auteurs, nous pensons, au contraire, qu'il faut la résoudre par la négative, à moins qu'il ne s'agisse de maisons adossées depuis longtemps à des monuments publics, dont les propriétaires ne pourraient être dépossédés que pour cause d'utilité publique. Troplong, n° 169 ; Dalloz, au mot *Prescription civile*, n° 196.

235. Les églises et les chapelles consacrées au culte divin ne peuvent, tant qu'elles conservent leur destination, devenir l'objet d'une action possessoire : ainsi est non recevable l'action d'un particulier tendante à être réintégré dans la possession d'une chapelle qui fait partie intégrante d'une église paroissiale, et où le culte divin

est publiquement célébré à certaines époques de l'année. Cass., 1er déc. 1823, 18 juill. 1838.

236. Mais les églises et chapelles ne sont imprescriptibles que quand elles sont actuellement consacrées au culte divin. Ainsi, l'imprescriptibilité ne s'applique pas aux anciennes églises ou chapelles qui ont été mises hors de la disposition de l'évêque et consacrées par la fabrique ou la commune à un service non religieux. — Il en est de même des églises ou chapelles particulières, ou appartenant à un établissement quelconque, quoique le culte divin y soit célébré publiquement. Ainsi, dans ces deux cas, les églises ou chapelles, étant des propriétés ordinaires et privées, sont susceptibles de possession et de détention de fait; elles peuvent donner lieu, par suite, à l'action en réintégrande (Cass., 4 juin 1835). Ce n'est plus comme choses sacrées, mais comme choses publiques, que les églises sont imprescriptibles; l'idée de la consécration religieuse n'est plus incompatible avec la propriété privée. Bélime, n° 236; Dalloz, v°. *Action possessoire.*

237. Les droits de chapelle, bancs et places, pouvaient, autrefois, quand ils étaient fondés en titre, être l'objet de l'action possessoire. Il n'en est pas de même aujourd'hui, ces droits ne pouvant plus être concédés qu'à titre provisoire et précaire (déc. du 30 déc. 1809). Aussi a-t-il été jugé qu'on n'est pas recevable à former complainte pour se faire maintenir en une place dans une chapelle faisant partie d'une église. Cass., 15 avril 1825.

238. Les cimetières sont imprescriptibles, à la différence des lieux d'inhumation appartenant à des particuliers. Ils sont placés hors du commerce, tant à l'égard des particuliers qu'à l'égard des communes obligées d'en respecter la destination. Ainsi la commune qui se prétend en possession annale exclusive d'un cimetière ne peut, dans le cas où on y a inhumé le corps d'un individu mort dans une autre commune, exercer, à raison de ce fait, l'action possessoire contre cette dernière commune. Cass., 16 janv. 1844.

239. Les terrains couverts par les marées d'équinoxe font partie des rivages de la mer, et, par conséquent, du domaine public : les faits de jouissance qui peuvent être exercés sur ces terrains ne sont dès lors pas de nature à engendrer une possession propre à donner

lieu à l'action possessoire. Le gouvernement peut, il est vrai, aux termes de l'article 41 de la loi du 16 septembre 1807, concéder les lais et relais de la mer et le droit d'endigage; il peut concéder non-seulement les lais et relais de la mer, formés par la retraite définitive et complète des eaux, et qui, à partir de ce moment, sont susceptibles de possession et de prescription, mais aussi les lais et les relais à former par des travaux artificiels ; ces derniers terrains deviennent alors susceptibles de possession privée, mais à partir seulement de l'acte du gouvernement qui en a changé le caractère ; d'où il suit que la possession antérieure est inefficace et ne peut servir de base à une action possessoire. Cass., 21 juin 1859.

240. Les lais et relais de la mer ayant été déclarés aliénables par la loi du 16 sept. 1807 peuvent, quand ils sont à l'état de lais et relais, donner lieu à l'action possessoire. Cass., 3 nov. 1824.

Il s'agit dans cet arrêt, disent, en le citant, MM. Dalloz, de lais et relais de mer ayant été concédés, car le rivage susceptible d'être couvert par le flot de mars, ayant l'aspect des rives de la mer et n'étant pas encore devenu propriété privée, ne paraît pas susceptible d'être prescrit. La cour a, en outre, décidé qu'une question relative à l'interprétation de l'acte de concession ayant été élevée, le juge de paix avait dû surseoir jusqu'à ce que l'autorité administrative eût statué sur cette interprétation, et non se déclarer incompétent d'une manière absolue.

241. Les rivages de la mer étant une dépendance du domaine public, aux termes de l'art. 538, C. Nap., sont imprescriptibles. Et l'on doit considérer comme rivage de la mer un terrain dont une partie est inondée à chaque marée, et dont l'autre partie est aussi fréquemment couverte par les eaux de la mer refluant dans le canal d'un port ou d'un arrière-port; d'où la conséquence que ce terrain a pu être justement déclaré, tant en sa qualité de rivage de la mer qu'à raison de l'absence presque complète de végétation, insusceptible d'une possession capable de fonder une action possessoire. Cass., 4 déc. 1843.

242. Quant à ce qui concerne les marais salants, il a été jugé que la complainte est admise en cette matière comme dans toutes les autres, et qu'il suffit qu'il y ait eu changement à la prise d'eau

pour que cette action doive être accueillie. Cass., 11 juin 1828.

243. Les rivières navigables ou flottables font partie du domaine public (C. Nap., 538); mais est-il nécessaire pour qu'une rivière soit considérée comme navigable ou flottable, que, quoique navigable ou flottable de fait, elle ait été déclarée telle par un acte de l'administration? Cette question a fait l'objet des études de divers auteurs : il nous semble résulter des discussions auxquelles ils se sont livrés et de la jurisprudence que la navigabilité doit être reconnue comme existante, indépendamment de toute ordonnance ou décret lorsqu'elle existe réellement de fait.

244. D'après deux décisions du conseil d'État des 22 oct. 1830 et 20 juill. 1832, l'administration qui déclare une rivière navigable peut faire détruire sans indemnité les travaux ultérieurement faits sur cette rivière par des particuliers : la jouissance que ceux-ci ont eue des eaux était précaire, conditionnelle, insusceptible de fonder aucun droit contre l'État.

245. Les rivières déclarées navigables ne sont réputées telles et n'entrent dans le domaine public qu'à partir de l'endroit qui a été fixé par l'administration; la partie supérieure conserve sa nature de cours d'eau ordinaire. Arrêt cons. d'État, 30 avril 1828.

246. Les prises d'eau faites sur une rivière navigable, même sans concession expresse de l'administration, peuvent-elles être l'objet d'une action possessoire contre les tiers? On objecte que la possession du complaignant, dans le cas dont il s'agit, doit être réputée délictueuse, et partant inefficace, ainsi que le serait sans contredit celle d'un meunier qui aurait élevé son barrage sans autorisation; mais on peut répondre avec M. Bélime, n° 243, et la même opinion est admise par MM. Dalloz, qu'ici la loi n'a pas indiqué de forme à suivre pour obtenir l'autorisation du préfet, comme elle a eu soin de le faire en ce qui concerne les mines, et que dès lors cette autorisation peut être présumée tant que l'administration ne réclame pas. Une ordonnance du conseil d'État, du 28 mars 1838, paraît avoir statué en ce sens.

247. Si la contestation entre deux riverains avait pour objet, non pas, comme dans l'espèce précédente, le droit respectivement ré-

clamé de se servir des eaux d'une rivière navigable, mais la réparation du préjudice que l'une des parties prétendrait résulter pour elle des travaux ou plantations faits par l'autre partie et dont résulte un reflux nuisible des eaux, cette réparation pourrait-elle être poursuivie par l'action possessoire ? L'affirmative est enseignée par M. Carou. Mais cette solution, disent MM. Dalloz, est contredite par la jurisprudence du conseil d'État, qui attribue exclusivement aux conseils de préfecture la répression des travaux pratiqués sur les rives des cours d'eau navigables, travaux qui intéressent toujours plus ou moins le régime des eaux. Ord. cons. d'État, 20 juin 1821, 22 janvier 1824, 19 oct. 1825, 15 sept. 1831.

248. Une prise d'eau pratiquée dans un cours d'eau dépendant du domaine public peut servir de base à une action possessoire, au cas de trouble apporté par l'État ou ses ayants cause à la jouissance de cette prise d'eau, si elle a été exercée en vertu de titres de concession antérieurs, soit à l'édit de 1566, qui n'a déclaré le domaine public inaliénable que pour l'avenir, soit à l'époque où le cours d'eau a été rendu navigable, et est ainsi devenu une dépendance du domaine public. Cass., 17 août 1857. Jay, *Annales j. p.* 1858, p. 24.

Le juge du possessoire peut, en cas pareil, maintenir le demandeur dans sa possession de la prise d'eau, le droit à cette prise d'eau ayant continué à subsister, même depuis la déclaration de navigabilité et la proclamation du principe de l'inaliénabilité du domaine public. *Ibid.*

249. Le juge du possessoire qui ordonne le maintien d'une servitude peut, sans empiéter sur les attributions du juge du pétitoire, prendre, relativement à l'exercice de cette servitude, des mesures qui ne changent pas le mode suivant lequel elle était antérieurement pratiquée. *Ibid.*

Et spécialement, ce juge a le droit, en ordonnant le maintien d'une prise d'eau, de condamner le défendeur, s'il ne vient pas ouvrir lui-même la vanne au moyen de laquelle s'opère cette prise d'eau, à en remettre la clef au demandeur au possessoire. *Ibid.*

250. La possession, par le propriétaire d'une usine, des eaux d'un cours d'eau navigable, sur lequel l'usine est établie en vertu d'une

autorisation du pouvoir compétent, peut servir de base à une action possessoire, en cas de trouble de la part des riverains inférieurs. Cass., 9 nov. 1858. *Ibid.*, 1859, p. 60.

251. Les digues artificielles d'une rivière navigable sont une dépendance du domaine public; en conséquence, ces digues sont imprescriptibles et ne peuvent être l'objet d'une action possessoire. Cass., 26 nov. 1849. *Ibid.*, 1860, p. 235.

252. Lorsqu'une action possessoire porte sur les talus ou francs-bords d'une rivière canalisée, il y a lieu à faire déterminer préalablement par l'autorité administrative, comme question préjudicielle, si ces talus ou francs-bords sont des dépendances du canal, et font, à ce titre, partie du domaine public. Cons. d'État, 5 nov. 1850. *Ibid.*, 1851, p. 150.

253. Les francs-bords d'un canal non navigable ni flottable, dont l'État n'est propriétaire qu'à titre purement privé, peuvent faire, au profit des riverains, l'objet d'une possession susceptible de servir de base à une action possessoire. Cass., 1er août 1855. *Ibid.*, 1856, p. 36.

254. Le juge de paix saisi d'une action possessoire entre deux personnes, dont l'une est propriétaire d'un îlot et l'autre propriétaire du terrain sur la rive du fleuve, ne peut se fonder, pour repousser l'action et la déclarer non recevable, sur ce que le terrain qui en est l'objet serait grevé d'une servitude de marchepied, qu'il ferait partie à ce titre du domaine public, et serait, dès lors, imprescriptible et inaliénable. Dans ce cas, le juge doit apprécier les caractères légaux de la possession, sans se préoccuper du caractère domanial du terrain. Cass., 18 déc. 1865. *Ibid.*, 1866, p. 403.

255. Tout ce qui a rapport, en fait d'action possessoire, aux rivières navigables s'applique également, soit à celles qui sont simplement flottables, soit aux canaux de navigation intérieure. C. Nap., 558. L. 29 flor. an x, art. 1er.

256. Quant aux canaux de desséchement, l'application des règles ci-dessus doit être restreinte à ceux qui sont en même temps canaux de desséchement et de navigation; l'administration a droit de [veil]ler à ce qu'il ne soit fait aucune prise d'eau sans son autorisa-

tion. Les canaux de desséchement qui ne servent pas à la navigation restent propriétés privées, soumises aux règles du droit commun. L. 16-26 sept. 1807, art. 26, 27. Décret du 19 vent. an x, art. 11.

257. Les travaux auxquels a fait procéder une commission administrative de desséchement, pour arriver au curage des fossés appartenant à des particuliers, sur le refus de ceux-ci de faire exécuter eux-mêmes, ne peuvent donner lieu à une complainte possessoire de la part de ces particuliers, en l'absence de toute dénégation de leur possession. Cass., 29 mars 1858. Jay, *Ann. j. p.*, 1858, p. 317.

Il en est ainsi, alors même que la commission aurait agi sans ordre de l'administration, sauf aux propriétaires lésés à poursuivre au pétitoire la réparation du dommage. *Ibid.*

258. Le juge du possessoire peut, sur la complainte des propriétaires inférieurs inondés par la rupture d'une digue, condamner le syndicat du desséchement du marais supérieur à rétablir les lieux dans leur état primitif, alors même que cette digue serait considérée comme une dépendance du domaine militaire, placé sous la direction de l'administration de la guerre, si cette administration s'est déclarée désintéressée avant l'instance, et si, d'ailleurs, le jugement au possessoire ne fait courir aucun risque aux intérêts généraux, puisqu'il n'est pas opposable au ministre de la guerre, et qu'il ne peut limiter l'exercice de ses droits, ni gêner la surveillance de la commission mixte des travaux publics et du génie militaire. Cass., 11 déc. 1860. *Ibid.*, 1861, p. 147.

259. Le juge du possessoire est également compétent pour ordonner la destruction de travaux dommageables, opérés par un syndicat de communes; l'intérêt de plusieurs communes réunies en syndicat n'en est pas moins un intérêt privé, qui ne peut donner aux travaux de desséchement entrepris le caractère de travaux publics ; pour avoir ce caractère, et par suite changer la compétence, il faudrait que les travaux eussent été exécutés dans un intérêt général et public. *Ibid.*

260. Les entreprises sur les cours d'eau servant à l'irrigation des propriétés peuvent donner lieu à l'action possessoire. Par suite, le

propriétaire qui a obtenu de l'administration de la guerre l'autorisation d'établir une prise d'eau sur la cunette des remparts d'une place forte, et qui est en possession d'arroser ses propriétés à l'aide de ces eaux, après les avoir conduites dans un fossé longeant un chemin communal, et de là sur son terrain, au moyen de vannes et autres travaux apparents, est recevable à exercer la complainte s'il vient à être troublé dans cette possession. Cass., 6 mars 1855. *Ibid.*, 1855, p. 213.

261. Le sol des routes impériales et départementales, des rues et places publiques, étant imprescriptible tant qu'il reste consacré à l'usage public, ne peut être entre l'État et les particuliers l'objet d'aucune action possessoire. — Toutefois, si les limites de la route étaient contestées, le propriétaire qui se prétendrait dépouillé d'une partie de sa propriété par l'acte déclaratif de la largeur de la route, serait fondé à intenter l'action possessoire contre l'État, non pas, il est vrai, à l'effet de faire réintégrer, mais à l'effet seulement de faire reconnaître sa possession, et de puiser dans cette reconnaissance une présomption de propriété dont il pourrait se prévaloir pour obtenir une indemnité. — L'État serait aussi admis à intenter complainte à raison de l'usurpation du riverain, car il pourrait convenir à l'État, menacé d'une action pétitoire, de faire d'abord constater sa possession, et de s'y faire maintenir ; mais cette action sera très-rare, l'administration ayant des moyens de réprimer toute usurpation. (Dalloz.)

262. Les fossés des routes impériales et départementales font partie intégrante de ces routes.

263. Les terrains non clos qui existent devant une habitation, le long d'une rue ou place publique, sont présumés appartenir à la voie publique, sauf la preuve contraire. — Par suite, ils sont imprescriptibles et ne peuvent, pour ce motif, être l'objet d'une action possessoire. Cass., 13 mars 1854. Jay, *Annales*, *j. p.*, 1854, p. 222.

264. Un particulier qui prétend et qui prouve avoir la possession, à titre de propriétaire, d'un terrain qui est porté comme voie publique sur le plan d'alignement d'une ville, est recevable et fondé à diriger une action en trouble contre celui qui, en vertu d'un arrêté du maire, pris en conformité du plan, a ouvert sur ce terrain une

porte et des fenêtres dont la suppression doit, par suite, être prononcée par le juge du possessoire, sans qu'il y ait en cela empiétement sur les pouvoirs de l'autorité administrative. Tribunal de Metz, 28 juill. 1854. *Ibid.*, 1855, p. 40.

265. Les particuliers qui prétendent avoir la possession plus qu'annale de terrains adjacents à la voie publique peuvent poursuivre au possessoire le maintien de leur possession contre les acquéreurs de ces terrains. Cass., 6 avril 1859. *Ibid.*, 1859, p. 395.

266. Les terrains laissés par les riverains le long des rues et places publiques, en construisant des murs ou des bâtiments, sont également présumés dépendre de ces rues et places publiques, et par conséquent imprescriptibles; ils ne peuvent donc donner lieu à l'action possessoire (Cass., 21 mai 1838). En effet la présomption d'imprescriptibilité, dispensant la commune de toute autre preuve, ne peut tomber que devant la preuve contraire, laquelle ne saurait être ordonnée par le juge de paix, puisqu'elle doit porter sur le fond du droit; c'est donc devant le juge du pétitoire que la contestation doit être portée.

267. Une chose du domaine public, telle que remparts, places de guerre, reste imprescriptible, nonobstant la possession trentenaire qu'un particulier en aurait eue, dès que la destination de cette chose n'avait point été changée par un acte régulier de l'autorité compétente. Cass., 3 mars 1828.

268. Le propriétaire riverain de la voie publique qui se plaint d'un trouble à la jouissance, résultant de l'exécution de travaux de voirie, peut exercer une action possessoire contre la ville (Cass., 8 nov. 1864. Jay, *Annales*, 1865). En conséquence est recevable et de la compétence de l'autorité judiciaire l'action en complainte possessoire intentée par un propriétaire contre une ville, à raison de travaux de voirie urbaine qui ont écharpé la base ou empâtement des fondations du mur de façade de sa maison. *Ibid.*

269. Mais le juge du possessoire excède ses pouvoirs lorsque, au lieu de se borner à faire arrêter les travaux de la ville, il ordonne la destruction de ces travaux; l'autorité administrative pouvant

seule en apprécier la légalité et en ordonner la démolition. Le juge du possessoire, en pareil cas, n'est compétent, en effet, que pour constater la possession du demandeur et l'existence des dommages causés, afin par lui de faire établir son droit à une indemnité, s'il y a lieu. *Ibid.*

270. Les chemins de fer, lorsqu'ils sont établis sur partie des routes impériales et départementales ou vicinales, tels que les chemins dits américains, doivent être considérés comme des accessoires de ces voies diverses et soumis aux mêmes règles ; mais il en est autrement lorsqu'ils sont établis par des compagnies sur des terrains par elles achetés : ils sont alors, à quelques restrictions près, la propriété privée de ces compagnies. Les contestations auxquelles leur possession peut donner lieu sont donc de la compétence des tribunaux ordinaires.

271. Les biens de la couronne, publics et dépendances, bois, forêts, etc., quoique de même nature que les immeubles susceptibles de propriété privée, sont cependant imprescriptibles.

Sous l'ancienne monarchie, le domaine de la couronne était inaliénable et imprescriptible (édit du 30 juin 1539 ; ord. de 1566) ; et il est de maxime ancienne et fondamentale en France que les biens qui composent la dotation de la couronne sont inaliénables et imprescriptibles de leur nature. Cass., 10 août 1841.

272. La maxime de l'inaliénabilité et de l'imprescriptibilité des biens compris dans le domaine de la couronne s'applique même aux meubles tels que diamants, perles, pierreries, statues, tableaux, livres, pierres gravées et autres objets d'art qui se trouvent dans les palais impériaux. Cass., 10 août 1841.

273. Cependant il existe des biens qui, quoique appartenant à la couronne, sont prescriptibles, ceux, par exemple, acquis à titre de déshérence.

274. Les biens du petit domaine, biens dont les charges entre les mains du souverain consommaient les revenus, tels que marais, terres vaines et vagues, etc., pouvaient être prescrits par une possession de quarante ans (Cass., 21 mars 1838) ; et la prescription n'a été interrompue, ni par la loi de 1790, ni par celle de l'an VI.

Cela a été jugé par arrêt de la cour de Caen du 17 mai 1848, dont il importe de rapporter les considérants : « Considérant, dit la cour, en ce qui touche les moyens de prescription invoqués contre l'État, que les biens domaniaux, dont il soutient que le Pré-aux-bœufs dont il faisait originairement partie étaient des biens qualifiés de marais, par les titres de concession primitive des 1er sept. 1581 et 10 déc. 1659; — Considérant qu'à raison de leur nature de marais, qui les rangeait dans ce qu'on appelait communément le petit domaine de la couronne, ces biens avaient été déclarés aliénables par un édit du mois de février 1566, rendu le même jour que l'ordonnance connue sous le nom d'ordonnance des domaines, édit dont les dispositions se trouvent de nouveau consacrées dans l'art. 31 de la loi du 22 nov. 1790, laquelle porte que les aliénations faites jusqu'à ce jour des terrains de cette espèce sont confirmées et demeurent irrévocables ; — Considérant que les biens dont il s'agit étaient devenus prescriptibles par cela seul qu'on les avait déclarés aliénables; qu'en effet, la prescription n'étant elle-même qu'un moyen d'acquérir, on a dû regarder la faculté de les prescrire comme une conséquence implicite et nécessaire de la faculté de les aliéner. »

275. Mais, de ce qu'un terrain dépendant d'une forêt de l'État avait cessé d'être en nature de forêt, il ne s'ensuivait pas qu'il dût être considéré comme une terre vaine et qu'il fût prescriptible. Cass., 16 juill. 1823.

En effet, les forêts, du moins les grandes masses de bois et forêts appartenant à l'État, quoique susceptibles par leur nature de propriété privée, ont été déclarées inaliénables par la loi du 22 nov. 1790, art. 12 ; elles sont par conséquent imprescriptibles et ne peuvent pas être l'objet d'une action possessoire.

276. D'après MM. Dalloz, l'imprescriptibilité ne s'étend pas aux biens compris dans un majorat, qui paraissent aux savants auteurs, quoique inaliénables, ne pas cesser pour cela d'être prescriptibles (Arg. de l'art. 11 du décret du 4 mai 1809). Pour nous, nous hésitons à partager cette opinion, les majorats ayant été fondés dans un motif d'ordre et d'intérêt public. La question ne saurait naître, d'ailleurs, que relativement aux anciens majorats, cette espèce

d'institution ayant été fortement atteinte par une loi du 9 avril 1835, et définitivement supprimée, du moins pour l'avenir, par la loi du 11 mai 1849.

277. Mais nous adoptons pleinement l'opinion de MM. Dalloz lorsqu'ils soutiennent que l'action possessoire est applicable aux biens frappés de substitution (C. Nap. 1048 et suiv.) et aux biens dotaux (C. Nap. 2255). Ainsi, aucune de ces deux dernières espèces de biens n'échappe à l'action possessoire.

278. On avait prétendu, d'après l'opinion de certains auteurs, que les confins des héritages étaient imprescriptibles, et partant non susceptibles de l'action possessoire. Mais cette opinion est condamnée par la loi même qui accorde cette action pour toutes usurpations de terres, en général, et en particulier pour les déplacements de bornes et usurpations de haies, fossés et autres clôtures (C. pr. civ., 3). Aussi a-t-il été décidé que le juge de paix qui, se fondant sur la possession annale du complaignant, le maintient dans la possession de la lisière d'un bois, loin de contrevenir à la loi, en fait, au contraire, une juste application. Cass., 9 août 1830.

CHAPITRE IX.

Servitudes pouvant être l'objet d'actions possessoires. — Caractères généraux. — Servitudes naturelles, ou légales, ou conventionnelles. — Mitoyenneté des murs. — Servitudes établies par le fait de l'homme.

279. Les servitudes constituent des droits réels susceptibles d'être acquis par la possession ; elles peuvent donc être l'objet d'actions possessoires.

280. Les servitudes sont des charges imposées sur un héritage pour l'usage et l'utilité d'un héritage appartenant à un autre propriétaire (C. Nap., 637). Mais elles ne constituent pas une copropriété dans l'immeuble asservi.

281. La servitude, dit Curasson, t. II, p. 363, n'étant qu'une charge foncière et non une partie du fonds, elle ne doit être confondue ni avec le droit de copropriété ou de superficie, ni avec l'incorporation qui, d'après l'article 712 du C. Nap., est un moyen d'acquérir la propriété. Celui qui a pratiqué *sous le fonds d'autrui* une cave, un aqueduc, une fosse d'aisances, possède réellement une partie de la propriété. Il en est de même de celui qui n'a que l'étage d'une maison, ou du copropriétaire d'un puits, d'une cour, d'un vestibule, d'une allée, d'un escalier commun, d'un mur mitoyen : ce genre de possession n'a rien de commun avec celle d'une servitude. Cette distinction est essentielle à retenir au possessoire, où souvent le demandeur cherche à faire prendre le change en présentant comme constitutifs d'une possession à titre de propriété des actes précaires qui ne peuvent servir de base à la complainte. Dans ce cas, le juge doit se déterminer d'après la nature des faits, examiner la localité, s'il s'agit d'incorporation, d'inédification, et surtout consulter les titres, s'il en existe, pour apprécier le véritable caractère de la possession. (Pardessus, *Des servitudes*, t. I, n° 7.) Ainsi des faits de passage ne sauraient être, en général, considérés comme des actes de possession suffisants pour

prescrire ou pour fonder la complainte. Cependant il peut arriver que ces faits, même isolés, ne soient autre chose que l'exercice d'un droit de propriété, de communauté, et dans cette hypothèse, la complainte est recevable. C'est ainsi que le trouble dans la jouissance d'un sentier d'exploitation autorise la complainte de la part des propriétaires contigus à ce sentier, parce que l'usage en est considéré, dans ce cas, plutôt comme l'exercice d'un droit de copropriété que comme une servitude.

282. Mais la possession d'un sentier d'exploitation ou de service rural entre propriétaires voisins ne peut servir de base à une action possessoire, quand cette action, au lieu de tendre à la maintenue dans la possession du sol même du chemin ou sentier, a seulement pour objet le droit de passer sur le chemin, un tel droit de passage constituant une servitude non susceptible de s'acquérir par la prescription. Cass., 25 juin 1860, 19 mars 1861 et 2 juillet 1862.

« Attendu, porte l'arrêt ci-dessus cité, du 25 juin 1860, que si la possession, à titre de propriété, d'un chemin ou sentier existant entre les propriétaires voisins pour le service et l'exploitation de leurs fonds, peut avoir des effets au point de vue du possessoire comme au point de vue de la prescription, il n'en saurait être de même de la possession, à titre de servitude, d'un passage sur un fonds que l'on prétend être assujetti à cette charge ; qu'une semblable possession ne pouvant, aux termes de l'art. 691, C. Nap., être un moyen d'acquisition du passage par la prescription, ne peut par conséquent donner lieu à l'action possessoire ; qu'il en est ainsi même, soit dans le cas où la possession invoquée aurait pu avoir pour effet, avant la promulgation de l'art. 691 précité, de faire acquérir le droit de passage, et se serait continué depuis, soit aussi dans le cas où le passage serait réclamé comme servant à l'exploitation des fonds des demandeurs au possessoire ; que le principe de l'art. 691 s'applique sans distinction à toute servitude de passage, à la seule exception du cas d'enclave... »

283. Il doit en être de même de la jouissance d'une cour commune, d'un puits, d'un escalier commun. C'est au juge du possessoire à explorer les titres, à apprécier les circonstances de fait pour savoir si la possession alléguée devant lui a eu lieu à titre de

propriété ou à titre de servitude. « Le plus souvent, dit M. Pardessus, *Traité des Servitudes*, p. 13, les titres produits par l'une où l'autre des parties donneront le moyen de lever les incertitudes. Dans leur silence, les principes généraux doivent être sévèrement appliqués. Le droit de propriété assure le libre exercice de tous les usages auxquels une chose peut être consacrée ; et, quoique la disposition particulière des lieux puisse y apporter quelque restriction, l'exercice de ce droit est toujours plus varié et plus étendu que celui d'une servitude. »

M. Pardessus prend pour exemple une contestation élevée sur la possession d'un puits. « Si, dit-il, l'un avait la jouissance utile et corporelle de tout le terrain qui environne le puits, tandis que l'autre se bornerait à y passer pour venir y puiser ; s'il entretenait la couverture, les murs, les bords de ce puits, en un mot, s'il supportait tout ce que la propriété peut avoir d'onéreux, tandis que l'autre en tirerait certains avantages, sans supporter rien de plus que les dépenses purement relatives à son usage, et si légères d'ailleurs qu'on pourrait ne les considérer que comme une simple charge de la jouissance, le premier devrait être réputé propriétaire et le second n'avoir exercé qu'une servitude. Si toutefois il existait une incertitude absolue, les tribunaux pourraient admettre la communauté et se décider par la preuve d'une possession trentenaire, sans violer les principes d'après lesquels le droit réclamé, s'il était considéré comme servitude, ne serait pas susceptible d'être prouvé par témoins. »

284. Les règles indiquées par M. Pardessus doivent servir de guide au juge de paix dans tous les cas analogues, c'est-à-dire toutes les fois qu'il s'agit d'actes qui seraient, au possessoire, utiles ou inefficaces, selon qu'ils se rattacheraient à l'exercice d'un droit de propriété ou ne manifesteraient qu'une prétention à l'usage d'une servitude.

285. Jugé que celui qui se prétend propriétaire du sol sur lequel est établi un chemin privé est recevable à demander, par voie de complainte, à être maintenu dans la possession annale d'un droit de passage sur le chemin. Cass., 26 août 1829, 13 nov. 1849.

286. Le juge de paix peut, sans cumuler le pétitoire avec le pos-

sessoire, examiner et apprécier les titres produits, dans le but de déterminer le caractère légal de la possession alléguée par le demandeur. Cass., 4 juillet 1866. V. ci-après, *chap.* x.

287. Le trouble dans la possession d'une servitude discontinue donne lieu à l'action possessoire quand cette servitude repose sur un titre. Cass., 27 mars et 4 juillet 1866.

287 *bis.* Il a été jugé que le fait de passage constituait l'exercice d'une servitude discontinue, alors même que des travaux apparents auraient été faits sur le fonds assujetti (Cass., 21 oct. 1807, 13 août 1810, 10 fév. 1812). D'où il suit que la simple possession annale d'une servitude discontinue et par conséquent imprescriptible ne peut autoriser l'action possessoire. Cass., 28 fév. 1814, 22 et 30 nov. 1830, 16 juillet 1849.

288. Ainsi, lorsque la servitude n'est pas du nombre de celles qui peuvent s'acquérir par prescription, parce qu'elle est non apparente, ou discontinue, apparente ou non, n'importe, il n'y a point de jouissance qui puisse SEULE fonder l'action possessoire, au profit de celui qui allègue cette jouissance ; son action serait non recevable ; et dans tous les cas où il serait attaqué par l'autre partie, comme troublant la jouissance de celle-ci, il devrait succomber au possessoire, sauf à se pourvoir au pétitoire, s'il croyait avoir acquis le droit de servitude.

En effet, la possession annale n'aboutirait à rien, lors même qu'elle serait avouée, puisqu'elle ne dispenserait pas de produire un titre constitutif de la servitude, selon le vœu des art. 690 et 691, C. Nap. Cass., 28 fév. 1814.

289. On vient de voir ci-dessus n° 280 que la servitude est imposée *sur un héritage* pour l'usage et l'utilité d'*un autre héritage.* A cette définition il faut ajouter la disposition de l'art. 686, laquelle porte : « Il est permis aux propriétaires d'établir sur leurs propriétés, ou en faveur de leurs propriétés, telles servitudes que bon leur semble, pourvu néanmoins que les services établis ne soient imposés ni à la personne ni en faveur de la personne, mais seulement à un fonds et ponr un fonds, et pourvu que ces services n'aient d'ailleurs rien de contraire à l'ordre public. »

Le but principal de cette disposition a été de rendre impossibles

les stipulations relatives à ces servitudes personnelles désignées sous le nom de droits féodaux. Il faut d'abord que la servitude soit imposée *sur un héritage*. L'obligation qui serait imposée à la personne ne constituerait pas un *droit réel*, et ne donnerait pas lieu à l'action possessoire. Ainsi, la stipulation qui obligerait les propriétaires de tel héritage, les habitants de telle maison, de venir moudre leurs grains à tel moulin, faire leur vin à tel pressoir, ne pourrait être considérée comme une servitude. Elle ne vaudrait pas même comme droit personnel, car elle ne serait autre chose que la reconstitution d'un droit féodal, d'une banalité.

Au surplus, ce n'est pas principalement sous ce dernier rapport que son exécution ne pourrait être réclamée par voie d'action possessoire ; c'est surtout parce qu'elle n'aurait pas le caractère d'un droit sur un immeuble, d'un *droit réel*. Ainsi, il est hors de doute que certaines obligations de faire peuvent être légitimement imposées, pour l'exercice de la servitude, au propriétaire du fonds assujetti. L'art. 698 autorise expressément ces sortes de stipulations. Ce qui les distingue des obligations purement personnelles, c'est que le propriétaire du fonds assujetti peut s'en affranchir en délaissant le fonds (art. 698); et ce qui les différencie des *servitudes personnelles*, c'est qu'elles n'obligent pas principalement la personne, elles ne l'obligent qu'accessoirement à une servitude légitimement établie. Cependant ces stipulations, toutes licites qu'elles sont, ne sauraient donner naissance à l'action possessoire. Si le propriétaire du fonds assujetti refusait de remplir les obligations qui lui sont imposées, et par cette résistance d'inertie, mettait obstacle à l'exercice de la servitude, la voie de la complainte ne serait pas ouverte au propriétaire du fonds dominant. Le droit de celui-ci se réduirait à obtenir des dommages-intérêts, avec l'autorisation de faire lui-même, aux frais de son voisin, les travaux nécessaires à l'exercice de la servitude. L'action, comme le droit sur lequel elle serait fondée, n'aurait rien que de *personnel*.

290. Il ne suffit pas, pour constituer une servitude, que la charge soit imposée à un héritage et non à une personne ; il faut encore qu'elle soit établie pour l'utilité d'un héritage et non d'une personne. C'est là ce qui différencie la servitude des droits réels d'usufruit et d'usage, qui sont toujours concédés à la personne. Notre

distinction serait sans importance, si les droits de servitude pouvaient toujours être, aussi bien que les droits d'usufruit et d'usage, l'objet d'une action possessoire ; mais les principes dans l'un et l'autre cas diffèrent essentiellement. Un exemple va le démontrer :

Les propriétaires de telle maison, de tel immeuble, les habitants de tel village, de telle commune, vont, depuis plusieurs années, faire du vin à un pressoir, moudre à un moulin, cueillir certaines portions ou certaines espèces de fruits dans un héritage. Ils sont troublés dans leur possession. Leur complainte ne sera pas recevable, à moins qu'ils ne produisent un titre, car leur prétention constituerait non pas un *droit d'usage,* mais *une servitude d'usage,* laquelle, étant *discontinue,* n'est pas susceptible de devenir l'objet d'une action possessoire.

291. Il en serait tout autrement si, à raison des circonstances de fait, il n'était pas possible de supposer que la possession du complaignant n'a eu lieu que par suite de sa qualité de détenteur de tel immeuble. Dans ce cas, sa jouissance étant purement personnelle, il serait fondé à s'y faire maintenir, car il n'aurait exercé en réalité qu'un *droit d'usage.*

« Les droits qui peuvent être accordés à un fonds et qui, dans ce cas, se nomment servitudes, dit M. Pardessus, peuvent aussi l'être à des personnes. Mais quoique souvent leur exercice extérieur et l'utilité qu'ils procurent soient semblables, ce sont de simples concessions personnelles. Cette différence n'est pas seulement dans les mots ; elle est absolue, principalement dans le mode d'acquisition, de conservation et d'extinction du droit, et dans les effets qu'il peut produire, lorsque celui à qui il est accordé éprouve des obstacles dans sa jouissance. »

292. Les servitudes, considérées en elles-mêmes, ne sont pas essentiellement indivisibles; elles n'ont ce caractère que suivant que le fait est ou n'est pas susceptible de division. S'il s'agit, par exemple, du droit de tirer telle quantité de marne du fonds voisin, comme chacun des copropriétaires du fonds dominant peut en extraire sa part, la servitude est divisible. Si la servitude consiste dans un droit de passage, elle est indivisible, car le passage ne peut être exercé que partiellement.

293. Les servitudes, considérées sous un point de vue général, ne sont réellement indivisibles que dans l'obligation qu'elles imposent au fonds assujetti, et dans le droit qu'elles établissent au profit du fonds dominant.

Au surplus, que la servitude soit indivisible ou qu'elle ne le soit pas, ses effets au possessoire nous paraissent devoir être les mêmes. Le seul fait qui puisse avoir quelque influence est celui de l'indivision ou du partage du fonds auquel la servitude est due. Si ce fonds est indivis, chacun de ses copropriétaires le possède pour la totalité. Un simple acte de jouissance, fait par un seul des copropriétaires, profite donc au fonds tout entier. Peu importe l'inaction des autres ayants droit, car la servitude est due au fonds lui-même et non aux personnes. Or, dès que la servitude est en tout ou partie conservée pour le fonds, elle profite pour tout ou partie à tous les copropriétaires, qui ne sont, si l'on peut s'exprimer ainsi, que les instruments du fonds. Si donc, soit avant, soit immédiatement et avant le délai d'une année après le partage, l'un des copropriétaires ou des copartageants qui n'aurait aucun acte de possession personnelle à invoquer antérieurement, était troublé dans sa jouissance présente, il aurait incontestablement le droit d'invoquer la possession annale antérieure à la sienne. C. Nap., 709.

294. Toute l'utilité de la distinction entre les servitudes divisibles et celles qui sont indivisibles nous semble donc se réduire au plus ou moins d'efficacité des faits de possession. Si le fait qui constitue l'exercice de la servitude est divisible, la servitude ne sera conservée que dans la mesure exacte de la possession établie. S'il est indivisible, un seul acte maintiendra intégralement la servitude.

295. L'art. 710 du Code Napoléon porte : « Si, parmi les copropriétaires, il s'en trouve un contre lequel la prescription n'ait pu courir, comme un mineur, il conservera le droit de tous les autres. »

Cette disposition serait-elle applicable à la possession annale? Au premier aperçu, l'affirmative paraît être fondée. Il semble que la possession d'une année ne puisse être régie par d'autres règles que la possession trentenaire, et que le privilége de la minorité doive être tout autant protégé dans un cas que dans l'autre.

296. Toutefois nous pensons que la minorité de l'un des copropriétaires ne relèverait pas les majeurs des conséquences du défaut de possession annale, et que le vieil adage : *In individuis minor relevat majorem*, ne serait pas applicable à la prescription de l'action possessoire.

297. Les règles de la prescription consacrent une exception formelle en faveur des mineurs, et cette exception est le principe de la disposition de l'art. 710, C. Nap.

298. Les servitudes sont naturelles, ou *légales*, ou *conventionnelles*. Les servitudes naturelles sont celles qui dérivent de la situation naturelle des lieux. Elles comprennent les obligations respectives des fonds inférieur et supérieur, relativement à l'écoulement des eaux, l'usage des eaux de source et des cours d'eau, l'obligation du bornage entre propriétaires voisins, le droit de se clore et ses effets relativement à la vaine pâture.

299. L'usage des eaux courantes est susceptible de possession comme les autres natures de biens, ce qui a été explicitement reconnu par l'art. 6 de la loi du 25 mai 1838 ; par suite le trouble apporté à la possession annale du riverain d'un cours d'eau sur lequel il exerce le droit que lui confère l'art. 644, C. Nap., de se servir de l'eau à son passage, lui donne la faculté d'intenter l'action possessoire pour faire cesser le trouble à sa jouissance. Cass., 2 août 1853.

300. Celui qui, dans l'année du trouble prétendu, n'a exercé que des actes constitutifs d'une servitude discontinue, ne peut baser sur ces faits une action possessoire, alors même qu'à une époque plus ancienne il aurait fait des actes d'une possession suffisamment caractérisée pour servir de fondement à une action possessoire, les faits anciens, distincts des faits nouveaux, n'étant pas susceptibles de changer le caractère de ceux-ci. Cass., 17 déc. 1862.

301. Le fait, par le propriétaire riverain d'un cours d'eau, de détourner ou d'éloigner de la rive opposée, au moyen de travaux ou entreprises, les eaux dont l'autre riverain a la possession annale, peut donner lieu à une action possessoire. Cass., 10 décembre 1862.

302. Mais il en est autrement du droit que l'un des riverains prétendrait avoir, pour un plus facile exercice de l'usage des eaux, de passer sur la rive opposée, ce droit constituant une servitude discontinue. *Ibid.*

303. La servitude d'aqueduc ou de conduite d'eau qui s'exerce au moyen de l'établissement d'un canal de dérivation ne perd pas le caractère de servitude continue, par cela seul que la levée ou l'abaissement de vannes ou d'écluses est nécessaire pour en faciliter ou pour en régler l'exercice; et elle peut dès lors faire l'objet d'une action possessoire. Cass., 17 déc. 1861.

304. L'écoulement des eaux d'une source d'un héritage supérieur sur les terres inférieures, pendant un temps immémorial, ne suffit pas pour faire acquérir la possession de ces eaux au propriétaire inférieur, et pour constituer une servitude à son profit. Code Nap., 642. Cass., 15 avril 1845.

305. Au contraire, la servitude de prise d'eau, et par suite la prescription de l'action possessoire, ne peuvent s'acquérir que par des actes de possession ostensibles pendant trente années, c'est-à-dire par des ouvrages apparents de main d'homme faits et terminés par le propriétaire du fonds inférieur sur l'héritage supérieur, afin de faciliter l'écoulement des eaux sur les terres inférieures. C. Nap., 641, 642. Cass., 25 août 1812 et 19 nov. 1855.

306. De même l'existence d'une rigole directrice des eaux du fonds supérieur sur le fonds inférieur, et le curage ou l'entretien de cette rigole par le propriétaire de ce dernier fonds, sont insuffisants, en cas de trouble apporté dans la jouissance des eaux, pour l'autoriser à former une action possessoire. Cass., 15 avril 1845.

Il résulte de cet arrêt qu'une possession immémoriale est insuffisante pour acquérir au propriétaire inférieur le droit de faire écouler sur son terrain les eaux appartenantes au fond supérieur; qu'il faut encore que cette possession soit accompagnée de travaux *apparents*, terminés depuis plus de trente ans par le propriétaire inférieur. Mais sur quel fonds ces travaux *apparents* doivent-ils être pratiqués? Est-ce sur le fonds où la source prend naissance? ou suffit-il que ce soit sur le fonds même de celui qui veut prescrire? Pardessus, *Traité des Servit.*, n° 96, dont l'avis est partagé par Favard, v° *Servitudes*, sect. II, § 1er, et par Delvincourt, t. 1er, p. 163, dit positivement que cela importe peu; qu'il suffit que ce soit sur le terrain inférieur ; que tous les doutes à cet égard sont levés par l'usage que la loi fait des termes indéfinis *ouvrages apparents*. Cette opinion de Pardessus ne nous paraît pas devoir être suivie. Il faut dire, au contraire, que les travaux, tant qu'ils n'ont été faits que sur le fonds inférieur, ne manifestent pas assez explicitement le consentement du propriétaire supérieur à ne point changer le cours de l'eau, soit parce qu'il ne peut pas empêcher le propriétaire inférieur de faire sur son fonds tous les ouvrages qu'il lui plaît d'y pratiquer, alors qu'ils ne nuisent point à son droit de propriété; soit parce que ces ouvrages, bien qu'*apparents*, eu égard au fonds inférieur où ils ont éte faits, peuvent ne pas l'être au regard du fonds supérieur, dont le propriétaire n'est pas obligé d'aller voir ce qui se passe chez son voisin, et qui, par cela seul qu'il aura laissé jouir celui-ci des eaux qui lui deviennent inutiles, ne peut être présumé avoir renoncé au droit de les retenir ou d'en changer le cours. C'est d'ailleurs ce qui paraît clairement résulter des décisions ci-dessus mentionnées de la Cour de cassation, où on lit dans le texte de l'arrêt : « Que ce n'est que de l'existence de ces ouvrages, de la part du propriétaire inférieur, sur le fonds du propriétaire de la source, que peut naître la servitude sur son héritage, et par suite la prescription de l'action possessoire. » Conforme, Henrion de Pansey, chap. XXVI, § 4, n° 1; Duranton, t. V, n° 181.

307. L'existence d'une servitude de prise d'eau emporte bien, au profit du propriétaire du fonds dominant, le droit de surveiller le cours de l'eau pour s'opposer à tout changement qui en restreindrait la jouissance, mais n'emporte pas pour lui le droit de passer sur le fonds servant, s'il peut constater d'une autre manière que toute l'eau à laquelle il a droit arrive à son héritage. Riom, 24 janv. 1856.

308. Jugé de même que le propriétaire supérieur ne peut, par des travaux exécutés sur son fonds, intercepter le cours naturel des eaux pluviales et déverser les eaux sur un fonds inférieur, qui jusqu'alors en était exempt, de manière à lui causer préjudice. Cass., 27 fév. 1855.

309. Les eaux pluviales peuvent, lorsqu'elles ont été recueillies à l'aide de travaux apparents qui les ont soumises à une destination privée, faire l'objet d'une possession utile (C. Nap., 641, 642, 644). Ainsi, lorsque les eaux pluviales qui tombent sur deux héritages contigus sont recueillies dans un bief ou réservoir creusé entre ces deux héritages, pour être conduites ensuite par un canal ou fossé sur un fonds inférieur appartenant à l'un des propriétaires supérieurs, ce propriétaire a une action possessoire contre l'autre propriétaire qui, en comblant ce canal, l'a troublé dans la possession de la portion des eaux pluviales dirigées sur son héritage. C. proc., 23. Cass., 12 mai 1858.

310. Les *servitudes légales* ont pour objet l'utilité publique ou communale, ou l'utilité des particuliers. C. Nap., 649.

Celles établies pour l'utilité publique ou communale ont pour objet le marchepied le long des rivières navigables ou flottables, la construction ou réparation des chemins ou autres ouvrages publics ou communaux. *Ibid.*, 650.

311. Les obligations imposées aux propriétaires dans un intérêt privé, sont relatives aux murs et aux fossés mitoyens, aux cas où il y a lieu à contre-mur, aux vues sur la propriété du voisin, à l'égout des toits, au droit de passage. *Ibid.*, 652.

312. Les droits de voisinage appelés servitudes légales ou naturelles, sont des droits réels renfermés dans le droit de propriété ou de possession du fonds auquel ils sont attachés; ils sont possédés virtuellement avec lui et font partie intégrante de la possession ou jouissance de ce fonds lui-même.

313. Ainsi il y aura atteinte à la possession ou jouissance de l'immeuble voisin lui-même, chaque fois que les droits de voisinage ou de communauté seront enfreints et violés. Le possesseur troublé dans l'exercice de ces droits, ou troublé par l'abus du voisin dans l'exercice de ses droits réciproques de voisinage, pourra intenter la complainte.

« La propriété réelle du propriétaire au profit duquel la servitude est établie, dit Carou, *Actions poss.*, n° 223, consiste *dans le droit de jouir en pleine liberté de la chose,* sans que le voisin puisse rien faire qui attente à ce droit. A l'instant donc où ce dernier exécute des travaux de nature à priver celui-là de son droit, il y a trouble à la possession, il y a innovation résultant d'un fait matériel que le juge de paix peut apprécier, et dès lors aussi celui qui en souffre pourrait, pour faire cesser ce trouble, intenter l'action possessoire. Cela ne fait aucun doute. »

314. C'est en les envisageant à ce point de vue que nous admettons l'intervention des actions possessoires dans la plupart des servitudes dites légales, qu'elles protégent ainsi médiatement et indirectement comme *accessoires* de la pleine propriété à laquelle ces droits s'appliquent. Ainsi un voisin troublé dans la possession d'un mur ou fossé mitoyen par l'établissement de signes de non-mitoyenneté aura l'action possessoire. Dalloz, v^is^ *Actions poss.*, n°s 418 et 419.

315. Il en est de même d'un voisin troublé dans la possession d'une haie mitoyenne, si l'autre voisin exerce sur elle des actes de nature à l'en faire considérer comme propriétaire exclusif. Une haie mitoyenne, en effet, peut se prescrire par une possession suffisante; par suite, on peut la posséder exclusivement, et celui qui jouit d'une telle possession peut, s'il y est troublé, agir en complainte. Cass., 8 vend. an XIV.

316. Il en est de même d'un voisin troublé par une plantation de haies ou d'arbres faite à une distance moindre que la distance légale. Dalloz, *Actions poss.*, n° 423.

317. Il en est aussi de même d'un voisin troublé par une ouverture de jours ou fenètres dans un mur mitoyen, ou de jours et fenêtres dans un mur non mitoyen, contrairement aux règles et distances prescrites par la loi. *Ibid.*, n°s 430, 433.

318. Les droits de *vaine ou vive pâture et de parcours* sont des droits d'usage, constitués, comme les droits d'usage forestiers, au profit du territoire d'une commune. Ils sont soumis aux mêmes règles et conditions ; ils n'en diffèrent qu'en ce qu'ils ne sont pas sujets au régime forestier : ils forment donc des servitudes réelles discontinues, et susceptibles de complainte à exercer par les communes usagères.

« Sans doute, dit M. Belime, *De la possess.*, p. 297, le droit de vaine pâture n'autorise pas à attaquer au possessoire le propriétaire qui enclora son fonds pour s'y soustraire, puisqu'il ne fait qu'user d'un droit que lui confère l'art. 647 du Code Napoléon ; mais dire que dans aucun cas l'action possessoire ne peut avoir lieu, quel que soit le trouble éprouvé, soutenir que la nature de la vaine pâture s'y oppose absolument, c'est aller trop loin, à notre avis. Ainsi l'on voit quelquefois les propriétaires de métairies isolées élever la prétention de repousser le troupeau de la commune, bien qu'ils ne soient pas clos. Pourquoi refuserait-on au maire le droit de se pourvoir au possessoire, si jusque-là le troupeau commun avait été admis sans opposition ? La vaine pâture étant un droit, il faut bien que la commune porte son action quelque part.

« Ce serait une idée très-fausse que de regarder cette espèce de possession comme étant de pure tolérance, parce que le propriétaire asservi peut s'en affranchir sous certaines conditions. Il ne le peut qu'en remplissant ces conditions, c'est-à-dire, en se mettant en état de clôture : jusque-là son héritage reste affecté d'un droit qui n'est nullement précaire, mais qui constitue une véritable servitude. C'est pourtant ce que l'on nie par un raisonnement qui nous a toujours semblé peu concluant. La vaine pâture, dit-on, n'est pas une servitude ; c'est le résultat d'une convention originaire faite entre les premiers habitants de la commune qui sont censés avoir mis le pâturage de leurs fonds en commun après la récolte, afin d'en tirer plus d'avantage ; de manière que ce droit, résultant d'une convention, est purement personnel et forme une sorte de société, dont on ne peut agir en complainte pour demander l'exécution. »

« Il faut convenir qu'en raisonnant ainsi, l'on fait du droit comme certains écrivains font de l'histoire, d'une manière un peu divinatoire ; cependant l'inconvénient est plus grand pour l'une de ces sciences que pour l'autre. Cette convention originaire dont on parle, personne n'en a vu les titres, à ce que je pense ; je ne crois pas non plus qu'aucun chroniqueur en ait fait mention. L'on devrait prendre garde, lorsqu'on veut ainsi remonter à la source d'une institution, de ne pas poser des hypothèses dénuées de toute vraisemblance.

« Cette supposition d'une convention primitive est d'autant plus inutile qu'elle ne prouve aucunement ce qu'on veut lui faire prouver, En admettant pour un moment que les premiers habitants des communes aient fait entre eux l'espèce de société qu'on leur prête, en résulte-t-il que la vaine pâture n'est qu'un pur droit personnel? Non sans doute, à moins qu'on ne mette aussi en principe que les servitudes ne peuvent s'établir par convention, C'est, je crois, ce qu'on ne soutiendra pas. Que ce soient donc, si l'on veut, les Celte ou les Germains qui aient établi la vaine pâture, que ce droit se soit introduit par une convention formelle que je suis porté à révo quer en doute, ou par l'usage tacite, ce qui est beaucoup plus probable, qu'importe après tout, puisque les servitudes peuvent résulter des contrats comme de l'usage, et de l'usage comme des contrats ?

« La vaine pâture a tous les caractères des servitudes prédiales, c'est un droit établi sur un fonds et au profit d'un fonds ; il est tellement établi au profit du fonds, et non au profit de la personne, que ce droit passe avec l'héritage entre les mains du tiers acquéreur, et que celui qui cesse d'être propriétaire dans la commune, perd son droit de vaine pâture en même temps. En vain objecterait-on que la vaine pâture n'est pas directement utile au fonds lui-même, puisqu'elle ne sert qu'à faciliter la dépaissance des troupeaux. Elle tourne toujours en dernière analyse à l'avantage des fonds, en ce que le bien de l'agriculture est étroitement lié à l'éducation des bestiaux, sans lesquels les terres resteraient incultes. C'est en partant de cette idée que le droit romain n'hésitait pas à classer parmi les servitudes rurales le *jus pascendi, le jus pecoris ad aquam appellendi* et beaucoup d'autres de même nature.

« La réciprocité de la vaine pâture ne prouve pas que ce droit ne soit pas une servitude, Si, vous et moi, propriétaires de deux bois ou de deux métairies voisines, nous convenions pour l'utilité de nos fonds d'envoyer nos bestiaux pacager dans les bois l'un de l'autre indifféremment, ce serait là une servitude véritable, bien qu'il y ait réciprocité. Il en est de même pour la vaine pâture.

« La supposition d'une prétendue société entre les habitants est d'autant plus inadmissible que toute société perpétuelle se dissout par la mort des sociétaires, d'après l'article 1865 du Code Nap., conforme en cela aux anciens principes. La vaine pâture étant au contraire perpétuelle, cela montre davantage encore qu'elle est une servitude. Et comme elle a son titre dans la loi, elle doit autoriser sans aucun doute, à notre avis, l'exercice de la complainte.

« On s'accorde au surplus généralement à reconnaître que si elle était fondée en titre, si elle avait été concédée par convention ou par testament, il serait impossible alors de s'en affranchir par la clôture, et par conséquent personne n'hésiterait à accorder l'action possessoire en ce cas. Eh bien ! la circonstance qu'elle résulte purement et simplement de la loi ne nous semble pas devoir faire varier les principes, car celui qui a son titre dans la loi peut, comme on l'a dit, s'en appuyer pour agir en complainte. Entre celui qui a un titre formel et celui qui réclame la vaine pâture en vertu du droit commun, je ne vois qu'une différence, c'est que ce dernier perd son droit par la clôture du fonds asservi, fait qui ne peut préjudicier au premier occupant. Du reste leurs droits sont identiques ; la servitude est de même nature dans les deux cas. J'en conclus que, tant qu'il n'y a pas de clôture, on peut dans les deux cas user des mêmes voies judiciaires. Je tire un puissant argument en faveur de mon opinion de l'art. 648, C. Nap., qui, traitant de la vaine pâture dans le titre relatif aux *Servitudes*, laisse bien entendre qu'elle constitue une véritable servitude légale, susceptible comme telle d'être protégée par l'action possessoire. »

319. *Les servitudes conventionnelles* sont celles qui ne résultent ni de la nature des choses, ni de la loi, mais seulement de la volonté des parties : ce qui comprend les servitudes établies par prescription, parce que la prescription suppose chez l'un la volonté d'acquérir, et chez l'autre la volonté de supporter la servitude. Pardessus, n° 230.

320. La servitude d'égout ne peut être mise au rang des servitudes légales, puisque, sans une convention expresse, ou une prescription légalement acquise, personne ne peut être obligé de recevoir les eaux qui découlent du toit de l'édifice appartenant à autrui. Carré, t. Ier, p. 476.

321. La servitude d'évier ou égout servant à projeter les eaux ménagères d'une maison dans la cour d'un voisin exige le fait actuel de l'homme chaque fois que son exercice est renouvelé : elle

forme donc une servitude disconstinue, à la différence de l'égout des eaux pluviales, dont l'exercice a lieu par le fait seul de la nature. En conséquence, cette servitude d'évier n'est pas susceptible d'être acquise par une simple possession dépourvue de titre. Aix, 31 janvier 1838.

322. Le propriétaire qui prétend qu'une servitude d'égout à laquelle est soumise sa propriété a été aggravée par des travaux communaux, doit porter sa réclamation devant l'autorité administrative, seule compétente pour y statuer : il ne peut agir au possessoire, même pour faire seulement constater les changements apportés par lesdits travaux à son ancienne possession ; si, en effet, le juge de paix est compétent, en présence de la déclaration de vicinalité d'un chemin qui en opère l'expropriation, pour constater la possession antérieure dudit chemin par le complaignant, il n'en saurait être de même lorsque la propriété n'est pas contestée, et qu'il ne s'agit que d'une charge publique imposée à cette propriété reconnue. Cass., 9 janv. 1856.

323. L'art. 690, C. Nap., n'admet la possession pour acquérir une servitude qu'autant qu'elle est tout à la fois *apparente* et *continue*. La servitude qui réunit ces deux qualités peut donc être l'objet d'une action possessoire. Par suite, celui qui jouit d'une fenêtre ou vue d'aspect, d'une poutre dans le mur du voisin, d'un canal ou aqueduc, d'une gouttière faisant découler les eaux sur le terrain d'autrui, doit être maintenu dans la possession de ce droit, s'il est troublé par le propriétaire du fonds asservi. Pour maintenir cette servitude, il suffira de prouver que, depuis plus d'un an, les travaux dont il s'agit avaient été pratiqués, sans qu'il soit besoin de titre pour appuyer la possession, laquelle doit prévaloir sur tout acte contraire. Curasson, t. II, p. 376.

324. Peu importe que la servitude soit marquée par un ouvrage apparent qui semblerait repousser toute idée de tolérance ; la servitude est imprescriptible et ne peut donner lieu à la complainte, dès l'instant qu'elle est discontinue.

325. Jugé dans ce sens, au sujet d'un escalier et de lavoirs pratiqués pour une tannerie sur le terrain d'autrui, que l'action possessoire était inadmissible. Cass., 21 oct. 1807.

326. Jugé également que le droit de passage, alors même qu'il se manifeste par des ouvrages apparents, et notamment par l'ouverture d'une porte sur la propriété voisine, conserve toujours avec lui, comme servitude, un caractère de discontinuité qui le rend non susceptible de s'acquérir par prescription. C. Nap., 688, 691 et 693. Cass., 24 nov. 1835.

327. *L'enclave* est l'isolement de la voie publique d'un fonds entouré de tous côtés par d'autres fonds ayant accès à la voie publique. La nécessité de passage pour cause d'enclave est un droit de voisinage faisant partie intégrante du droit de propriété. C. Nap. 682.

328. Le droit de passer par l'endroit le plus court et le moins dommageable du fonds enclavé à la voie publique est essentiellement compris et renfermé dans le droit de propriété du fonds enclavé. (*Ibid.*, 682, 683,684.) Le voisin qui s'oppose à l'exercice de ce droit me trouble dans son opposition, non pas dans la possession d'une servitude, mais dans celle de mon fonds lui-même, et doit succomber au possessoire dès que je suis reconnu possesseur de l'héritage enclavé.

329. Il suffira de prouver la possession annale de son fonds et l'existence de l'enclave, pour être admis, en cas de trouble, au bénéfice des actions possessoires, contre le voisin qui s'oppose à l'exercice du droit de passage ; comme cela suffira pour faire écarter l'action possessoire du voisin qui aurait pris pour trouble l'exercice d'un droit commun aussi légitime que celui conféré par les art. 682 et suiv. du C. Nap. Ainsi, le droit de passer pour cause d'enclave, de même que tout droit de voisinage possédé, ne peut dans son exercice engendrer de trouble possessoire ; il peut être la cause d'une action possessoire, mais il ne peut jamais en être l'objet spécial, comme l'enseignent la doctrine et la jurisprudence. Ce droit ne peut jamais constituer un droit distinct susceptible d'une possession abstraite : il est nécessairement et virtuellement renfermé dans le droit de propriété, dont il forme l'un des attributs naturels. Le voisin ne pourra donc résister à l'action possessoire, en établissant que le demandeur n'a pas passé pendant an et jour avant le trouble. La faculté, pour ne pas avoir été exer-

cée, n'en a pas moins été possédée avec la propriété à laquelle la loi l'a attachée ; elle a fait corps avec elle. Le voisin ne pourra résister que s'il établit que par son fait il a possédé, depuis an et jour, un droit de servitude contraire à l'exercice de cette faculté, un droit impliquant dérogation à la délimitation du droit de propriété telle qu'elle est fixée par les art. 682 et suivants du C. Nap. Dans ce cas, la possession du demandeur viendrait se briser contre la quasi-possession d'un droit contraire de servitude véritable exercé par le défendeur.

Ces observations s'appliquent à tous droits de voisinage contre lesquels on peut posséder et prescrire des droits de servitude établis par le fait de l'homme.

330. L'existence de l'enclave devant servir de base soit à l'action possessoire, soit à la défense, à l'effet d'écarter le trouble, il est juste et indispensable de décider que le juge de paix a qualité pour la constater par enquête, expertise, visite de lieux et tous moyens de droit quelconques.

Ce point est généralement admis. On a prétendu que ce serait commettre un cumul du possessoire et du pétitoire. Mais on répond facilement à cette objection qu'il serait impossible au juge de paix de statuer au possessoire sans la vérification de l'enclave. Il faut qu'il examine ce point de fait afin de pouvoir caractériser la possession telle qu'elle est articulée par chacune des parties, afin de juger aussi s'il y a eu un trouble réel causé à la possession du demandeur. Supprimez la nécessité du passage ou l'existence de l'enclave, l'action possessoire et le trouble n'auront plus de raison d'être. C'est cette nécessité qui crée le droit de voisinage, la faculté juridique qu'il s'agit d'exercer.

331. Le juge de paix n'est donc appelé à constater l'enclave qu'au point de vue du possessoire, et non au point de vue du fond du droit. Il est omnipotent dans la sphère du domaine possessoire, comme le juge ordinaire est omnipotent dans la sphère du pétitoire. Tout ce que la loi veut, c'est que le juge du possessoire ne statue en rien sur le fond du droit, qu'il ne dispose que sur la possession, sur laquelle il peut statuer par les mêmes moyens que le juge du pétitoire,

pourvu qu'il les applique aux faits de la possession et non pas au fond du droit.

332. Le juge de paix ne décidera donc pas si, au fond, le passage est réellement dû, si ce mode d'exercice du passage ne doit pas s'effectuer dans un autre lieu que dans son assiette actuelle, car l'enclavé ne possède pas ici, comme dans le cas de l'art. 701 du C. Nap., un droit de passage avec emplacement variable; ce sont-là des questions du pétitoire. Mais il décidera si la possession doit être maintenue telle qu'elle est réclamée, s'il lui paraît qu'elle se pratique *animo domini*, par l'endroit le plus court et le moins dommageable, conformément aux règles du droit commun, ou si elle s'exerce au mépris d'un état de possession contraire.

333. Le juge examinera s'il y a ou non enclave pour la possession ; mais il ne pourra rechercher s'il y a ou non enclave pour la propriété.

334. De ce que l'enclave offre une condition commune à la propriété et à la possession, il faut conclure qu'elle ne forme par l'objet d'une question exclusivement pétitoire. Aussi est-il reconnu aujourd'hui par la doctrine et la jurisprudence que la vérification de l'enclave ne tient pas nécessairement au fond du droit. Cass., 7 mai 1829 et 19 nov. 1832.

335. Dès lors donc que le juge de paix a qualité pour constater l'enclave et la nécessité, il doit suivre les règles générales tracées à cet égard par le droit commun. Il dira qu'il y a enclave non-seulement quand il y a impossibilité absolue d'arriver à la voie publique; il décidera de même quand il y a grande difficulté, quand il n'existe qu'un passage dangereux ou très-incommode, impraticable pour l'exploitation.

336. Mais ce sera au juge du pétitoire seul à fixer l'indemnité annuelle à payer pendant la durée de l'enclave. Le juge de paix saisi d'une complainte formée par l'enclavé ne pourra par conséquent connaître d'une demande reconventionnelle ou incidente formée par le défendeur et tendant au payement d'une indemnité annuelle à fixer, pendant la durée du passage, quelque faible qu'en

soit le chiffre. La raison en est fort simple. Cette demande sort du domaine de l'action possessoire; et envisagée comme action pétitoire, elle formerait une action personnelle *indéterminée* qui échappe de sa nature à la compétence des juges de paix. De plus, la règle prohibant le cumul empêche que possessoire et pétitoire ne soient confondus dans une même instance tant sous le rapport de la forme que du fond.

337. Les servitudes naissant de la *destination du père de famille* peuvent donner lieu à l'action possessoire, lorsqu'elles sont continues et apparentes. C. Nap., 692.

338. Mais il n'y a destination du père de famille que lorsqu'il est prouvé que les deux fonds actuellement divisés ont appartenu au même propriétaire, et que c'est par lui que les choses ont été mises dans l'état duquel résulte la servitude. *Ibid.*, 693.

Dans les cas déterminés par ces deux articles, il n'y a pas, en jurisprudence et en doctrine, la moindre difficulté.

339. En est-il de même, même du cas spécial de l'art. 674 ainsi assimilé à la destination du père de famille, et qui peut se rapporter à une servitude apparente, mais discontinue ?

Il est également admis que l'hypothèse de l'art. 694 du C. Nap., où le père de famille aliène l'un des deux héritages, se réfère même à une servitude discontinue.

Il y a toutefois entre les art. 692, 693 et 694 une différence essentielle à remarquer : les deux premiers ne portent que sur les servitudes *continues et apparentes* ; le troisième comprend toutes les servitudes apparentes, *continues* ou *non*. Merlin, Répertoire, v° *Servitude*, § 19; Pardesssus, n°s 289 et 300. Cass., 26 avril 1837.

« Attendu, porte cet arrêt, que le sens de l'art. 694 est clair, et statue pour un cas autre que ceux prévus par les art. 692 et 693, qu'il n'est point nécessaire de recourir à ceux-ci pour en connaître et fixer l'interprétation ; qu'il résulte, sans équivoque, dudit art. 694, que, dans le cas qu'il prévoit, la servitude est maintenue par cela seul qu'elle est manifestée par un signe apparent, soit qu'elle soit *continue* ou *discontinue.* »

340. D'après cette jurisprudence, la destination du père de famille relativement aux servitudes discontinues, peut être l'objet d'une dis-

cussion au possessoire. Celui qui devient propriétaire de l'un des deux héritages entre lesquels il existe un signe apparent de servitude discontinue doit avoir l'action en complainte, s'il est troublé dans l'exercice de cette servitude. Il en sera de même s'il s'agit d'un seul fonds dont une partie seulement lui aurait été aliénée. Dans l'un ou l'autre de ces cas, le juge de paix devra maintenir le demandeur dans sa possession à vue du titre translatif de propriété, qu'il est indispensable de consulter, et après avoir vérifié s'il existe réellement un signe apparent de servitude, tel qu'une porte, un escalier, etc. : l'existence d'un chemin destiné à l'exploitation des deux héritages, ou de celui dont une partie a été vendue, suffirait aussi pour faire maintenir le droit de passage, pourvu que ce chemin fût apparent, c'est-à-dire bien frayé. Curasson, t. II, p. 401. — Voir ci-après nos 375 et suiv.

341. *Mitoyenneté des murs.* La servitude de mitoyenneté des murs se borne à l'obligation soit de souffrir l'acquisition par le voisin de la moitié de tout ou partie d'un mur dont on a été jusque-là seul propriétaire, soit de contribuer dans certains cas aux constructions et réparations d'une clôture commune ou mitoyenne.

« Tout propriétaire joignant un mur, porte l'art. 661, a de même la faculté de le rendre mitoyen en tout ou en partie, en remboursant au maître du mur la moitié de sa valeur, ou la moitié de la valeur de la portion qu'il veut rendre mitoyenne, et moitié de la valeur du sol sur lequel le mur est bâti. »

342. Le même droit existe, aux termes de l'art. 660, au profit du voisin qui n'a pas contribué à l'exhaussement d'un mur mitoyen. Il peut devenir propriétaire de la partie exhaussée, en payant la moitié de la dépense qu'elle a coûté et la valeur de la moitié du sol fourni pour l'excédant d'épaisseur, s'il y en a.

343. Enfin, d'après l'art. 663, chacun peut contraindre son voisin, dans les villes et faubourgs, à contribuer aux constructions et réparations de la clôture faisant séparation de leurs maisons, cours et jardins assis ès dites villes et faubourgs, etc.

Ce sont là des obligations imposées par la loi à un fonds et pour un fonds ; ce sont de véritables servitudes légales ; mais une fois la mitoyenneté établie, soit par suite d'une construction commune, soit par suite de l'acquisition faite par l'un des voisins, on ne peut plus voir, dans les obligations imposées par la loi à chacun des copropriétaires, que le règlement des droits de chacun dans la propriété commune.

344. L'un des propriétaires du mur mitoyen a sans contredit, comme tout communiste, le droit d'agir en cas de trouble par voie d'action possessoire contre l'autre propriétaire, soit que celui-ci veuille usurper la possession exclusive du mur, soit même qu'il se permettre d'en jouir au delà des limites déterminées par la loi. C'est là une conséquence nécessaire du droit de propriété. Il en est d'un mur mitoyen comme d'une cour commune, comme d'un puits, d'un passage, dont la propriété est indivise entre plusieurs. Mais avant d'indiquer les principaux faits qui sont de nature à être pris par l'un des propriétaires pour trouble à sa possession, voyons de quelle manière la preuve de cette possession devra être faite.

345. A défaut de titres, la loi fait dériver la présomption de mitoyenneté de certains faits. « Dans les villes et les campagnes, tout mur servant de séparation entre bâtiments jusqu'à l'héberge, ou entre cours et jardins, ou même entre enclos dans les champs, est présumé mitoyen s'il n'y a titre ou marque du contraire. » Code Nap., 753.

346. « Il y a marque de non-mitoyenneté, lorsque la sommité du mur est droite et à plomb de son parement d'un côté, et présente de l'autre un plan incliné ; lors encore qu'il n'y a que d'un côté ou un chaperon, ou des filets et corbeaux de pierre qui y auraient été mis en bâtissant le mur. Dans ces cas, le mur est censé appartenir exclusivement au propriétaire du côté duquel sont l'égout ou les corbeaux et filets de pierre. » *Ibid.*, art. 664.

347. Le juge de paix pourra-t-il voir, dans ces circonstances diversement combinées, la preuve d'une possession mitoyenne ou celle du contraire ? Nous sommes d'avis que les faits indiqués par la loi comme établissant une *présomption*, soit pour, soit contre la mitoyenneté, ne peuvent tenir lieu au *possessoire* d'actes positifs de jouissance.

348. Le juge de paix ne peut admettre d'autres faits de posses-

sion de la part du complaignant que ceux qui constituent une mainmise réelle, effective, dans l'année antérieure au trouble. Ainsi, la réparation du mur, le placement d'un égout, l'adossement d'une construction, l'établissement de poutres et tous autre faits analogues établiront seuls la preuve d'une possession mitoyenne ou exclusive, selon qu'ils seront communs aux deux parties ou propres à l'une d'elles. Le juge ne devra consulter les présomptions légales de mitoyenneté que de la même manière qu'il consulterait les titres, c'est-à-dire pour s'éclairer sur le véritable caractère d'une possession d'ailleurs constante au procès. On conçoit, en effet, que certains actes de jouissance qui, s'ils étaient seuls, devraient être écartés comme insignifiants ou incomplets, puissent être considérés comme probants s'ils sont appuyés d'un titre ou de présomptions équivalant à un titre.

Quand nous disons que le demandeur doit justifier d'actes de possession faits dans l'année du trouble, il est bien entendu que si les derniers actes remontent à plus d'une année, ils ont eu pour effet de continuer la possession jusqu'au jour où elle a été interrompue. On ne répare pas nécessairement un mur tous les ans.

349. Si des faits dont la présomption légale de mitoyenneté dérive, le juge de paix ne peut pas *directement* induire la possession, il peut cependant, dans certaines circonstances, et quand il n'existe aucun acte de jouissance contraire, arriver, à l'aide des faits dont nous venons de parler, à la preuve de la possession. Celui qui possède une maison, un jardin, possède par cela même le mur qui fait la clôture de la maison, du jardin. Il suffira donc au demandeur, pour prouver qu'il est en possession du mur, d'établir que ce mur fait partie de l'héritage qu'il possède, et cette preuve, il la fera soit à l'aide d'un titre, soit au moyen de la présomption légale. Dans ce cas, le juge de paix ne remplace pas la possession par le titre, il ne cumule pas le possessoire et le pétitoire ; il ne fait que s'éclairer sur l'étendue et l'efficacité d'une possession établie.

350. Si l'un des copropriétaires du mur mitoyen veut en jouir contrairement au droit de l'autre ; si, par un acte quelconque, il anticipe sur la jouissance réservée au voisin ; s'il enfreint dans l'une de ses prescriptions le règlement des droits communs qui résulte

des dispositions de la loi, nul doute qu'il n'y ait trouble de nature à motiver la complainte.

351. Quoique le juge de paix ne soit pas juge du fond du droit, il nous paraît difficile qu'il n'entre pas dans son examen, car il est l'appréciateur nécessaire du fait de trouble, et là où il y a exercice d'un droit, le trouble ne saurait exister. Ceci, pour être sainement compris, a besoin d'être entendu dans un sens restrictif. En effet, en thèse générale, le juge de paix doit s'interdire toute recherche du droit, toute excursion dans le pétitoire ; mais en matière de propriété commune, la possession de l'un est le plus souvent tellement confondue avec celle de l'autre, la jouissance qu'on prétendrait avoir été exclusive a besoin d'être si évidemment établie, que le parti le plus sage, le plus conforme à la loi, est de considérer chacun des ayants droit comme pourvu d'une possession égale à celle de l'autre, et par conséquent comme fondé à se plaindre au possessoire si le règlement des droits communs vient à être méconnu et violé. Il faut donc nécessairement apprécier ce règlement dans son rapport avec tel ou tel état de choses. Il faut explorer le droit.

352. Il nous reste à parcourir les dispositions de la loi qui règlent, entre propriétaires, l'usage du mur mitoyen. Ces dispositions sont contenues dans les articles 657, 658, 659, 662, 674 et 675 du C. Nap.

353. « Tout copropriétaire peut faire bâtir contre un mur mitoyen, et y faire placer des poutres ou solives dans toute l'épaisseur du mur, à cinquante-quatre millimètres (*deux pouces*) près, sans préjudice du droit qu'a le voisin de faire réduire à l'ébauchoir la poutre jusqu'à la moitié du mur, dans le cas où il voudrait lui-même asseoir des poutres dans le même lieu, ou y adosser une cheminée. » C. Nap., 657.

Cette disposition doit être conciliée avec celle de l'art. 662, qui porte : « L'un des voisins ne peut pratiquer dans le corps d'un mur mitoyen aucun enfoncement, ni y appliquer ou appuyer aucun ouvrage sans le consentement de l'autre, ou sans avoir, à son refus, fait régler par experts les moyens nécessaires pour que le nouvel ouvrage ne soit pas nuisible aux droits de l'autre. »

L'art. 657 établit le droit, et l'art. 662 règle le mode de son exercice. Leur donner un autre sens, ce serait les rendre inconciliables.

Les art. 658 et 659 confèrent à l'un des propriétaires du mur le droit de l'exhausser, et déterminent les conditions de cet exhaussement.

« Celui qui fait creuser un puits ou une fosse d'aisances, porte l'art. 674, près d'un mur mitoyen ou non ; celui qui veut y construire cheminée ou âtre, forge, four ou fourneau ; y adosser une étable, ou établir contre ce mur un magasin de sels ou amas de matières corrosives, est obligé à laisser la distance prescrite par les règlements et usages particuliers sur ces objets, ou à faire les ouvrages prescrits par les mêmes règlements et usages, pour éviter de nuire au voisin. »

« L'un des voisins ne peut, sans le consentement de l'autre, pratiquer dans le mur mitoyen aucune fenêtre ou ouverture en quelque manière que ce soit, même à verre dormant. » C. Nap., 675.

Il est incontestable que, dans ces différents cas, l'infraction par l'un des propriétaires du mur aux dispositions réglementaires de la loi constituerait un trouble, et autoriserait l'exercice de l'action possessoire.

354. En serait-il de même dans le cas d'inexécution, par l'un des voisins, des prescriptions établies par la loi pour la réparation ou reconstruction du mur ? Nous ne le pensons pas. Si l'un des voisins veut jouir du mur au delà des limites de sa possession, qui, jusqu'à preuve bien positive du contraire, doit être considérée comme restreinte dans les termes de son droit, on conçoit le trouble et l'action destinée à le faire cesser. Il y a, de la part de l'usurpateur, un fait actif, un empiétement qui trouve naturellement sa répression dans l'exercice et les suites de la complainte ; mais quand il s'agit de l'inexécution d'une obligation de faire, d'un empêchement purement inerte, on ne saurait voir, dans cette omission, dans cette résistance passive, un trouble de nature à nécessiter la complainte. Nous croyons donc que l'action civile ordinaire serait seule ouverte au demandeur. Peut-être encore pourrait-on donner cette raison de différence entre les deux cas : que, dans le premier, la possession de l'usurpateur, si elle était soufferte, le conduirait à la prescrip-

tion ; tandis que, dans le second, elle n'aurait pas et ne pourrait avoir cet effet. Ce motif, s'il était seul, ne nous paraîtrait pas très-concluant ; car un fait inefficace quant à la prescription pourrait cependant constituer un trouble.

355. L'art. 665 contient une disposition dont il nous paraît utile d'indiquer les conséquences au possessoire. Il porte : « Lorsqu'on reconstruit un mur mitoyen ou une maison, les servitudes actives ou passives se continuent à l'égard du nouveau mur ou de la nouvelle maison, sans toutefois qu'elles puissent être aggravées, et pourvu que la reconstruction se fasse avant que la prescription soit acquise. »

Il faut conclure de là : 1° que le nouveau mur est légalement la représentation ou plutôt la continuation de l'ancien ; que par conséquent, si la construction du nouveau mur date de moins d'une année, le possesseur pourra, à l'effet de compléter sa jouissance annale avant le trouble, invoquer la possession qu'il avait de l'ancien mur, *pourvu que* la reconstruction ait été faite avant l'expiration de l'année ; 2° que, de cette dernière condition, dépendra également le maintien des servitudes actives et passives, si toutefois elles n'ont pas été rétablies sur le nouveau mur, ou en sa faveur depuis plus d'une année.

356. *Vues sur la propriété du voisin.* — La loi assujettit celui qui veut ouvrir des jours ou pratiquer des vues sur l'héritage voisin à certaines règles auxquelles les parties intéressées peuvent déroger par des conventions. Ces conventions ont le plus souvent pour effet non-seulement d'affranchir l'héritage dans lequel existent les vues des obligations imposées par la loi, mais encore de grever le fonds voisin d'une servitude plus ou moins étendue. Il y a donc, entre les servitudes légales et les servitudes conventionnelles de *vues*, des rapports qui nous obligent à les réunir ensemble, bien que les unes diffèrent essentiellement des autres.

357. La servitude légale consiste dans l'obligation imposée au fonds qui jouit de certaines vues. La servitude conventionnelle, au contraire, réside dans l'assujettissement du fonds sur lequel les vues sont ouvertes. Cette distinction est importante. Elle sert à

résoudre des questions qui, au premier aspect, présentent de graves difficultés.

Les prescriptions de la loi en matière de *vues* varient suivant la nature et la destination de ces mêmes *vues*. On en distingue de deux sortes : celles qui n'ont pour but que de procurer le jour, la lumière, et qu'on nomme simplement *jours;* et celles qui permettent de voir, de regarder sur le fonds voisin, et qui reçoivent plus particulièrement la dénomination de *vues*. Voici quelles sont, quant aux *jours*, les règles établies par le Code Napoléon :

« Le propriétaire d'un mur non mitoyen joignant *immédiatement* l'héritage d'autrui, peut pratiquer dans ce mur des jours ou fenêtres à fer maillé et verre dormant. — Ces fenêtres doivent être garnies d'un treillis de fer dont les mailles auront un décimètre (environ trois pouces huit lignes) d'ouverture au plus, et d'un châssis à verre dormant. » C. Nap., art. 675.

« Ces fenêtres ou jours ne peuvent être établis qu'à vingt-six décimètres (huit pieds) au-dessus du plancher ou sol de la chambre qu'on veut éclairer, si c'est à rez-de-chaussée, et à dix-neuf décimètres (six pieds) au-dessus du plancher pour les étages supérieurs. » *Ibid.*, art. 677.

358. Si le propriétaire du mur dans lequel les jours sont ouverts ne se conformait pas aux dispositions qui précèdent, ou bien encore si le possesseur de l'héritage voisin portait atteinte à l'existence des jours, il y aurait de part et d'autre lieu à complainte. Cela ne peut être l'objet d'un doute. Mais le premier pourrait-il prendre pour trouble à sa jouissance des jours la suppression qu'en ferait le second après avoir acquis la mitoyenneté du mur ? Nous ne le pensons pas. Aux termes de l'art. 675, « l'un des voisins ne peut, sans le consentement de l'autre, pratiquer dans le mur mitoyen aucune fenêtre ou ouverture, en quelque manière que ce soit, même à verre dormant. »

La suppression des jours par le voisin acquéreur de la mitoyenneté ne serait donc que la conséquence de son droit de propriété. Il n'appartiendrait pas à celui qui aurait vendu cette mitoyenneté d'en venir contester les effets. La possession de la moitié du mur aurait passé dans les mains de l'acquéreur ; l'action possessoire manquerait donc de base du côté du vendeur.

En vain opposerait-on les termes de l'article précité, qui paraissent s'appliquer à des jours ouverts dans un mur déjà mitoyen avant leur ouverture, et non à des jours pratiqués avant l'acquisition de la mitoyenneté. La disposition de la loi n'est autre chose que l'application du principe de copropriété, qui ne permet pas à l'un des communistes de jouir au détriment des droits de l'autre. On ne saurait donc tirer aucune conséquence de la limitation apparente des termes employés par le législateur. Pour restreindre les effets du principe, il faudrait une disposition formelle. Nous croyons même que, dans notre hypothèse, l'action possessoire ne serait pas recevable, si, depuis l'acquisition de la mitoyenneté, les jours avaient subsisté pendant une année. La nature de ces jours, l'absence de tout préjudice pour le voisin, qui, jusque-là, n'aurait pas eu besoin de construire contre le mur mitoyen, devraient en faire considérer la possession comme précaire et de pure tolérance.

359. On voit que la solution de la question qui nous occupe dépend entièrement de celle de savoir si, malgré l'existence des jours, le voisin peut acquérir la mitoyenneté, car une fois la mitoyenneté acquise, le droit de supprimer les jours suit, comme conséquence nécessaire. Or, les principes et la jurisprudence bien constante ne permettent pas d'élever un seul doute sur le droit du voisin, relativement à l'acquisition de la mitoyenneté. Si l'existence des jours constituait une *servitude sur le fonds voisin*, le propriétaire de ce fonds ne pourrait s'en affranchir indirectement en exigeant qu'on lui vendît la mitoyenneté du mur. En effet, aux termes de l'art. 701 du C. Nap., le propriétaire du fonds débiteur de la servitude ne peut rien faire qui tende à en diminuer l'usage ou à le rendre plus incommode, à plus forte raison à détruire la servitude elle-même. Mais, comme nous l'avons fait observer, les dispositions de la loi n'établissent aucune servitude de *jours* sur l'héritage voisin. Elles ne font qu'imposer une servitude à celui qui veut ouvrir des jours donnant immédiatement sur le fonds d'autrui; elles restreignent l'usage de son droit de propriété, et ne lui confèrent nullement, sur l'héritage voisin, un droit qui mette obstacle à l'acquisition de la mitoyenneté. C'est, au surplus, ce qui a été jugé par arrêts de la Cour de cassation des 1er décembre 1813 et 5 décembre 1814.

Il en serait autrement, si le propriétaire des jours ne s'était pas conformé aux prescriptions de la loi. Nous en dirons les motifs plus loin.

360. Des principes que nous venons d'établir résulte cette conséquence, que, si le propriétaire de l'héritage sur lequel les *jours légaux* sont ouverts interceptait en tout ou partie la lumière qu'ils procurent, en bâtissant sur son terrain, l'action possessoire formée par le propriétaire de ces jours ne serait pas admissible. Cass., 26 germinal an XII.

« Considérant, porte cet arrêt, que Caron, en laissant des jours dans son mur, avait usé du droit de propriété, et *non d'un droit de servitude;* que le défendeur avait lui-même la faculté de bâtir contre le mur et de masquer les jours qui y auraient été pratiqués, etc. »

Cette décision a été rendue, à la vérité, sous l'empire de la jurisprudence adoptée dans la ci-devant province de Franche-Comté, mais les principes du Code Napoléon sont entièrement les mêmes.

361. Lorsqu'il s'agit, non plus de simples jours, mais de véritables vues sur l'héritage voisin, les obligations du propriétaire de ces vues sont tracées dans les art. 678, 679 et 680 du C. Nap. Voici leurs dispositions :

« On ne peut avoir des vues droites ou fenêtres d'aspect, ni balcons ou autres semblables saillies sur l'héritage clos ou non clos de son voisin, s'il n'y a dix-neuf décimètres (six pieds) de distance entre le mur où on les pratique et ledit héritage. » C. Nap., 678.

« On ne peut avoir des vues par côté, ou obliques sur le même héritage, s'il n'y a six décimètres (deux pieds) de distance. » *Ibid.*, 679.

« La distance dont il est parlé dans les deux articles précédents, se compte depuis le parement extérieur du mur où l'ouverture se fait, et, s'il y a balcon ou autres semblables saillies, depuis leur ligne extérieure jusqu'à la ligne de séparation des deux propriétés. » *Ibid.*, 680.

Nous reproduisons, sur ces dispositions, l'observation que déjà nous avons faite pour les *jours*. La complainte pourrait être formée soit par le possesseur des *vues*, soit contre lui, en cas de trouble par le voisin, ou d'infraction aux prescriptions légales par celui auquel appartiendraient les vues.

362. La manière de déterminer la distance légale pour les vues de côté peut offrir quelques difficultés. Si l'on s'en tient rigoureusement à l'art. 680, la distance doit être comptée depuis le parement extérieur du mur dans lequel l'ouverture se fait. Ainsi, l'on pourrait croire que tout propriétaire qui n'a pas, entre l'extrémité de son mur et la ligne séparative de l'héritage du voisin, un espace de six décimètres, n'a droit d'avoir aucune vue de côté, à quelque distance que l'ouverture soit de la propriété de ce voisin. Telle n'a point été sans doute l'intention du législateur. La manière dont l'art. 680 veut que la distance soit calculée, ne s'applique évidemment qu'aux vues droites. Quant aux vues de côté, la nature des choses exige qu'on suive, dans la fixation de leur distance, les règles que l'usage et les coutumes avaient introduites, et que les six décimètres se comptent à partir de l'arête du jambage de la croisée jusqu'à la ligne séparative des deux héritages. S'il en était autrement, toutes vues de côté seraient interdites ; car, à quelque distance de la propriété voisine qu'elles fussent pratiquées, elles se trouveraient souvent l'être dans un mur qui toucherait immédiatement l'héritage du voisin.

363. Un propriétaire pourrait essayer d'éluder ces prohibitions en construisant dans son mur, et seulement à la distance requise pour les vues de côté, un balcon dont l'avancement lui procurerait des vues directes sur l'héritage de son voisin. L'intention de la loi ne pouvant être qu'on abuse de son texte pour contrarier son esprit, le voisin serait fondé à exiger que ce balcon fût éloigné de la ligne séparative des deux propriétés, à la même distance que celle qui est requise pour les vues droites. Pardessus, *Traité des servitudes*, n° 207.

364. Nous ne saurions partager l'opinion exprimée par cet auteur (*ibid.*, n° 204) que si la vue n'était pas sur l'héritage du voisin, mais seulement sur son mur ; si, par exemple, ce mur était plus élevé que les vues, les dispositions de la loi cesseraient d'être obligatoires, par suite d'un défaut d'intérêt de la part du demandeur.

Sans doute le demandeur n'éprouverait aucune gène; mais serait-il à l'abri de la prescription? Pourrait-on réputer précaire la possession des vues? C'est là une question que M. Pardessus ne résout pas d'une manière positive, car il pense qu'il serait plus sûr d'interrompre la prescription. Quant à nous, nous ne voyons pas pourquoi la possession des vues ne serait pas considérée comme utile, et ce motif suffit pour nous faire penser que l'action possessoire serait recevable de la part du propriétaire sur le mur duquel donneraient les vues. Si l'on admettait l'opinion de M. Pardessus, il faudrait entrer dans une foule de distinctions, admettre mille appréciations particulières, toujours dangereuses et contraires aux termes généraux et absolus dont s'est servi le législateur. Ainsi, par exemple, on pourrait dire que le propriétaire d'une pièce de terre ouverte de toutes parts, serait sans intérêt pour exiger la suppression de jours ouverts sur lui, et cependant nul doute que, dans ce cas, sa négligence donnerait un titre à son voisin.

365. Si l'espace qui sépare les deux héritages est une rue ou un terrain public, les distances prescrites par la loi doivent-elles être observées?

M. Pardessus décide négativement cette question, et son opinion nous paraît fondée. « Les rues et voies publiques, quelle qu'en soit la largeur, sont, dit-il, offertes à l'usage de tous les citoyens. Non-seulement on peut, mais on doit y avoir des fenêtres. Sans cela, l'aspect des villes ferait horreur, et l'on serait sans cesse entre des murs qui ne présenteraient qu'un spectacle hideux et des maisons presque inhabitables. Celui qui ouvre sur la rue ou passage public ne peut, d'ailleurs, être réputé ouvrir que sur ce qui est public et, à vrai dire, ce n'est plus l'héritage situé au delà de cette rue ou passage qu'on peut appeler l'héritage voisin, mais ce passage ou cette rue même. »

366. Ces motifs ne s'appliquent pas aux *vues obliques*. Elles ne peuvent être ouvertes qu'à la distance de deux pieds, calculée de la manière ci-dessus indiquée. Ils ne s'appliqueraient pas davantage aux vues directes qu'un voisin se procurerait sur l'héritage situé à côté du sien en construisant un balcon. Mais lorsqu'un arrêté administratif a autorisé un individu à construire un balcon dans toute l'étendue de la façade de sa maison donnant sur la rue, le proprié-

taire voisin ne peut se pourvoir devant les tribunaux en opposition à cet établissement, ou du moins pour faire ordonner que l'extrémité du balcon sera fixée à six décimètres (*deux pieds*) de distance de la ligne séparative des deux maisons, conformément à l'art. 679 du C. Nap. L'exercice de cette action se réduit à faire interpréter ou modifier l'arrêté par le pouvoir qui l'a rendu, et l'arrêt qui renvoie devant l'autorité administrative fait une juste application des lois de compétence. Cass., 31 janvier 1826.

Si donc, dans les circonstances de fait qui ont donné lieu à cet arrêt, une action possessoire était portée devant un juge de paix, celui-ci devrait se borner à déclarer la possession du demandeur, sans rien ordonner qui contrariât l'exécution de l'arrêté administratif, sauf au complaignant à se pourvoir devant qui de droit pour en obtenir la réformation ou le redressement.

367. Tous propriétaires ont, avons-nous dit, la faculté d'ouvrir des vues sur les rues et places publiques. Si une rue ou une place venait à être supprimée et se trouvait convertie en propriété privée les propriétaires des maisons bordant cette rue ou cette place seraient-ils fondés à demander la conservation de leurs vues?

La difficulté vient de ce que les rues et places publiques, tant qu'elles conservent cette destination, sont mises hors du commerce, et par conséquent hors des atteintes de la prescription. La rigueur des principes semble donc rendre légalement impossible l'acquisition par la possession de toutes servitudes sur ces rues et places. Cass., 13 février 1828.

Cependant, par des considérations d'équité, la doctrine contraire a prévalu. Si, par suite de travaux ordonnés dans un intérêt public, une maison est en tout ou partie rendue inhabitable, quoique ce ne soit pas là le cas d'expropriation pour cause d'utilité publique, l'administration doit cependant des dommages-intérêts au propriétaire; c'est ce que la cour de Rennes a jugé dans une espèce où il s'agissait d'un exhaussement de rue opéré par le maire de Nantes, par l'effet duquel une maison était devenue inhabitable.

368. Il a été également jugé que les servitudes de vues et d'égout subsistaient, même après l'aliénation par l'État des rues et places publiques, au profit de particuliers qui restaient chargés de les

conserver. L'action possessoire serait donc ouverte, dans les cas analogues à l'espèce jugée par la cour de Rennes, pour faire déclarer la possession du complaignant, et assurer ainsi son droit à une indemnité, et dans les cas d'aliénation au profit de particuliers, pour se faire maintenir contre eux en possession de la servitude. Cons. d'État, 25 avril 1833.

369. Devra-t-on considérer comme *vues* sur la propriété du voisin, rentrant dans la prohibition des art. 678, 679 et 680, celles que procurerait une terrasse élevée contre le mur séparatif des deux propriétés, ou bien encore une grille établie à hauteur d'appui sur tout le mur, ou de distance en distance? Nous ne le pensons pas. Les articles précités apportent à l'usage du droit de propriété des restrictions qui ne sauraient être étendues. La loi ne prohibe que les *ouvertures* ou *fenêtres* qui seraient établies dans une construction. Sans doute le voisin en éprouvera quelque incommodité; mais c'est à lui à se clore de manière à éviter tout inconvénient. Le propriétaire de la terrasse ou de la grille pourrait laisser sa propriété ouverte, ou ne l'entourer que d'une clôture à hauteur d'appui. Cet état de choses serait pour le voisin tout aussi gênant, et cependant sa légalité serait incontestable.

370. On peut, avons-nous dit, par des conventions particulières déroger aux dispositions de la loi qui subordonnent l'exercice de la faculté d'avoir des jours ou des vues à l'accomplissement de certaines conditions. Ces dérogations peuvent avoir lieu de plusieurs manières, ou par titre, ou par destination du père de famille, ou par l'effet de la possession. Les droits de jours et de vues constituent, en effet, des servitudes continues et apparentes qui peuvent s'acquérir et par destination du père de famille et par la possession, aussi bien que par titre.

Quel sera pour le juge du possessoire le moyen d'apprécier l'étendue de la servitude invoquée? Des jours, des vues existent dans un héritage, à une distance moindre que celle fixée par la loi, ou sur la limite même des deux propriétés. Celle sur laquelle sont ouverts les jours et les vues est évidemment soumise à une servitude; mais jusqu'à quel point du fonds asservi s'étendra l'exercice de la servitude? Comment déterminer les limites de la possession du fonds dominant? Le propriétaire de l'héritage asservi aura-t-il conservé la faculté de bâtir sur la limite même de son héritage, en telle sorte qu'il puisse nuire aux jours et vues du voisin, et même les rendre entièrement inutiles? S'il ne le peut pas, quelle distance devra-t-il observer? Ce sont là des questions graves et d'une solution difficile.

371. Quand la servitude est fondée sur un titre, si ce titre détermine exactement les conditions de son exercice, son étendue, il n'y a pas de difficulté possible. La possession doit être réputée conforme au titre, à moins que le contraire ne soit très-clairement établi. Mais si le titre garde le silence! Il faut alors examiner si l'étendue de la servitude est déterminée par des faits de possession annale, et se borner à maintenir le demandeur dans cette possession. En l'absence de faits précis, le juge doit arbitrer d'après les circonstances, l'usage et les règlements.

L'art. 686 porte qu'à défaut d'indication dans le titre constitutif, l'usage et l'étendue des servitudes conventionnelles sont déterminés *par les règles ci-après*. Or, nous ne voyons, dans les dispositions qui suivent l'art. 686, aucune règle particulièrement applicable à la difficulté qui nous occupe. L'art. 696 dit bien que lorsqu'on établit une servitude, on est censé accorder tout ce qui est nécessaire pour en user; mais on est toujours ainsi forcé de recourir à l'appréciation du juge.

Pour échapper à l'arbitraire, la jurisprudence a, fort arbitrairement, selon nous, décidé qu'en pareil cas la règle de droit se trouvait dans la disposition des art. 678 et 679, qui fixent la distance à laquelle on peut ouvrir des vues sur le fonds voisin, à six pieds pour les vues droites et à deux pieds pour les vues obliques. Cette règle ne concerne que la *servitude légale* de vue, et elle a pour but, non pas de régler l'exercice d'un droit de servitude au profit du propriétaire des vues, mais bien de lui en imposer une, en restreignant l'usage qu'il pourrait naturellement faire de son droit de propriété. Cependant le juge du possessoire qui, par la nature même de sa juridiction, est obligé de renfermer dans un cercle fort étroit ses moyens d'appréciation, agira sagement, en appliquant à la possession réclamée la règle de droit ou plutôt de jurisprudence que nous venons de rappeler, et, parmi des arrêts assez nombreux qui ont, soit explicitement, soit implicitement, consacré cette règle, nous en citerons un très-remarquable de la Cour de cassation, du 24 juin 1823, ainsi motivé :

« Vu les art. 537, 544, 678 et 686 du C. Nap.: attendu : 1° qu'aux termes des art. 537 et 544 du C. Nap., celui qui a la propriété d'un fonds peut y bâtir librement, à moins d'empêchement légitime ; que, par suite, Lacombe a eu le droit de construire sur son jardin le mur dont est question, à la distance de deux mètres de la maison contiguë appartenant à Lepage, nonobstant la servitude de vue que Lepage prétendait avoir sur ce jardin pour l'usage de sa maison, s'il n'en a pas été légalement empêché par cette servitude ;

« Attendu 2° qu'il est *de règle constante* qu'à défaut de titre contraire, la servitude conventionnelle de vues droites d'une maison sur le fonds contigu appartenant à un voisin, ne s'étend et n'emporte prohibition de bâtir sur ce fonds que jusqu'à la distance de dix-neuf décimètres, ou six pieds ; qu'en effet, suivant l'art. 686 du Code précité, l'étendue des servitudes se règle par le titre, et à défaut du titre par la loi ou les règlements, et, d'après l'art. 678, on ne peut avoir des vues droites ou fenêtres d'aspect sur l'héritage de son voisin, s'il n'y a dix-neuf décimètres ou six pieds de distance entre le mur où on les pratique et cet héritage ; qu'il suit de là qu'à moins de titre contraire, la servitude conventionnelle de vues droites d'une maison sur le fonds contigu appartenant à un voisin ne s'étend et n'emporte prohibition de bâtir sur ce fonds que jusqu'à pareille distance de dix-neuf décimètres ou six pieds ; qu'il y a même raison d'appliquer la règle en un cas que dans l'autre ; qu'on le jugeait constamment ainsi avant le Code, d'après l'art. 202 de la Coutume de Paris contenant la même disposition que l'art. 678 ; qu'enfin on le juge de même depuis le Code, d'après ce dernier article, qui n'a fait que renouveler la disposition de l'article précité de la Coutume ;

« Et attendu 3° que l'arrêt attaqué a reconnu en fait qu'il n'y a dans l'espèce aucun titre qui détermine expressément l'étendue de la servitude de vue prétendue par Lepage sur le jardin de Lacombe, et que l'acte du 22 germinal an IX ne contient aucune disposition formelle à cet égard ; que dès lors il y a lieu de fixer, conformément à la règle de droit, l'étendue de cette servitude et la prohibition de bâtir qui en résulte ; qu'il suit de là que cette servitude ne s'étend et n'emporte prohibition de bâtir que jusqu'à la distance de dix-neuf décimètres à prendre depuis la maison de Lepage sur le jardin de Lacombe ; que par conséquent Lacombe a eu le droit de bâtir le mur dont il s'agit sur ce jardin à la distance de deux mètres de cette maison, nonobstant la servitude prétendue par Lepage, et qu'il n'est pas tenu de le démolir ; qu'en jugeant le contraire, l'arrêté viola formellement les articles précités, casse, etc. »

372. Aux termes de l'art. 692 du C. Nap., la destination du père de famille vaut titre à l'égard des servitudes continues et apparentes. Il faut donc appliquer à ce cas les principes qui sont établis par le précédent arrêt. C'est au surplus ce que la Cour de cassation a jugé par arrêt du 23 avril 1817.

373. La même décision serait-elle applicable au cas où la servitude de vue serait uniquement fondée sur la possession ? Cette question est, on peut le dire, encore indécise aujourd'hui, tant sont graves les autorités de part et d'autre. Voici un arrêt de la Cour de cassation, rendu sous la présidence de M. Henrion de Pansey et sur les conclusions de M. le procureur général Merlin, qui la décide négativement.

Il s'agissait de savoir si le voisin avait pu exhausser un mur mitoyen, bâti à moins de deux pieds de distance d'une vue oblique, de manière à intercepter cette vue. La cour d'Amiens avait distingué entre la servitude de vue et celle dite : *Altius non tollendi*, et elle avait jugé que la possession de l'une n'ayant pas pour conséquence nécessaire la possession de l'autre, même dans les limites des art. 678 et 679 du Code Napoléon, l'exhaussement avait pu avoir lieu.

Pourvoi, et, le 10 janvier 1810, arrêt qui rejette :

« Attendu que la Cour d'appel, en jugeant que Morand, demandeur en cassation, avait acquis, par une possession de plus de trente ans, la servitude de fenêtre oblique sur l'héritage de Carpentier, à une distance moindre que celle qui se trouvait fixée par la loi, a déclaré en même temps qu'il n'avait pas eu cette possession relativement à la servitude de *non altius tollendo ;* d'où il suit que, d'après la règle *tantum præscriptum quantum possessum*, cette cour d'appel n'a point violé l'art. 165 de la Coutume d'Amiens, lorsqu'en maintenant, par l'arrêt attaqué, la servitude de fenêtre oblique, et en écartant celle de *non altius tollendo*, elle a autorisé Carpentier à continuer l'exhaussement du mur mitoyen, à la charge de payer la dépense de l'exhaussement, etc. »

Il semble que la cour ait cherché à éluder la question, en considérant l'arrêt attaqué devant elle comme basé sur une appréciation de fait. Cependant cette question se présentait nettement. La possession d'une vue oblique emportait-elle avec elle l'obligation pour le voisin de ne bâtir qu'à deux pieds de distance ? En d'autres termes, cette possession ne s'étendait-elle pas à la distance nécessaire, ou légalement réputée telle pour qu'elle fût utile ? Aussi M. Pardessus n'hésite-t-il pas à penser, malgré l'opinion contraire de MM. Toullier et Duranton, que l'arrêt de 1810 a positivement jugé la question, et il adopte la doctrine de l'arrêt. Le motif sur lequel il se fonde, et qu'avait développé M. Merlin, nous paraît être plus spécieux que solide.

Suivant cet auteur, celui qui ouvre une vue sur l'héritage voisin à une distance moindre que celle déterminée par la loi, ne fait autre chose que s'affranchir de la servitude légale qui lui était imposée. Il n'acquiert aucun droit de servitude sur le fonds voisin, et sa possession peut d'autant moins s'étendre jusqu'à l'empêchement pour le voisin de bâtir à telle ou telle distance, que la servitude de *non altius tollendo* est rangée par la loi au nombre des servitudes non apparentes, lesquelles ne sauraient être acquises par la seule possession. M. Pardessus invoque enfin la maxime *tantum præscriptum quantum possessum*.

Nous ne saurions partager cette opinion. Sans doute on ne peut acquérir par prescription que ce qu'on a possédé ; mais quelle est la mesure de la possession de celui qui a ouvert des vues sur l'héritage de son voisin sans observer la distance prescrite par la loi ? Telle est la question.

Il nous paraît évident que, dans l'espèce posée, la possession a pour effet non-seulement d'affranchir l'héritage dans lequel sont pratiquées les vues des prescriptions légales, mais encore de lui donner, sur le fonds voisin, tous les droits qui résulteraient d'un titre formel. En effet, que deviendrait, s'il en était autrement, la disposition de l'art. 690 du Code Napoléon, laquelle porte que « les servitudes continues et apparentes s'acquièrent par titre, ou par la *possession de trente ans ?* » Il n'y aurait jamais lieu à l'application de cet article, en fait de servitudes de *vues*, puisqu'on pourrait toujours dire à celui qui les aurait pratiquées : « Votre possession n'a eu d'autre effet que de vous libérer des prohibitions établies par la loi. »

On objecte que le système que nous soutenons aurait pour conséquence de faire acquérir, à l'aide de la seule possession, une servitude non apparente, la servitude de *non altius tollendo.* Si tel était le résultat de notre opinion, elle n'en serait pas moins fondée, car il faudrait renvoyer à la loi elle-même la prétendue contradiction. Mais une distinction est à faire entre l'empêchement de bâtir, considéré comme suite nécessaire de la servitude de vue, et la servitude dite de *non altius tollendo*, qui comprend toute prohibition de construire, même au delà des limites dans lesquelles le droit de vue pur et simple peut s'exercer.

Nous croyons donc qu'il n'existe aucun motif raisonnable pour ne pas appliquer aux vues acquises par la seule possession la jurisprudence qui détermine l'étendue de celles qui résultent d'un titre ou de la destination du père de famille. Notre opinion est d'ailleurs confirmée par une jurisprudence qui paraît être bien constante aujourd'hui : nous citerons notamment un arrêt de cassation du 19 janvier 1825, et deux arrêts, l'un de Bordeaux, du 1er décembre 1827, l'autre de Toulouse, du 21 avril 1830.

374. La conséquence, en matière possessoire, des principes que nous venons d'exposer, se tire d'elle-même. Si, depuis un an, des jours ou des vues sont, contrairement aux prescriptions et prohibitions de la loi, ouverts sur un héritage, soit que leur existence repose sur un titre, soit qu'elle dérive de la destination du père de famille, soit qu'elle résulte de la seule possession, le propriétaire de ces vues et de ces jours sera fondé à exercer l'action possessoire pour faire ordonner, en cas de trouble, sa maintenue en possession, et par conséquent la démolition des constructions qui les obstrueraient à une distance moindre que celle fixée par les art. 678 et 679 du C. Nap.

375. *Servitudes établies par le fait de l'homme.* — Il ne faut pas perdre de vue que les servitudes ne sont considérées, dans cet ouvrage, que relativement aux actions possessoires, seul rapport sous lequel leur appréciation rentre dans la compétence du juge de paix. Nous n'avons donc à retracer ici que certaines règles qu'on ne trouverait pas ailleurs, ou du moins qui sont tellement éparses qu'on les rassemblerait difficilement.

376. Les servitudes établies par le fait de l'homme sont ou continues ou discontinues, ou apparentes ou non apparentes ; c'est là, en matière possessoire, une distinction de la plus grande importance. — « Les servitudes continues sont celles dont l'usage est ou peut être continuel sans avoir besoin du fait actuel de l'homme ; tels sont les conduites d'eau, les égouts, les vues, et autres de cette espèce. — Les servitudes discontinues sont celles qui ont besoin du fait actuel de l'homme pour être exercées ; tels sont les droits de passage, puisage, pacage et autres semblables. » C. Nap., art. 688.

« Les servitudes apparentes sont celles qui s'annoncent par des ouvrages extérieurs, tels qu'une porte, une fenêtre, un aqueduc. — Les servitudes non apparentes sont celles qui n'ont pas de signes extérieurs de leur existence, comme, par exemple, la prohibition de bâtir sur un fonds, ou de ne bâtir qu'à une hauteur déterminée. » *Ibid.*, 689.

« Les servitudes continues ou apparentes s'acquièrent par titre, ou par la possession de trente ans. » *Ibid.*, 690.

« Les servitudes continues non apparentes, et les servitudes discontinues apparentes ou non apparentes, ne peuvent s'établir que par titre. — La possession, même immémoriale, ne suffit pas pour les établir, sans cependant qu'on puisse attaquer aujourd'hui les servitudes de cette nature déjà acquises par la possession, dans les pays où elles pouvaient s'acquérir de cette manière. » *Ibid.*, 691.

377. Comme les choses susceptibles d'être acquises par la possession sont les seules qui puissent faire l'objet d'une action possessoire, il s'ensuit que toute servitude comprise dans la catégorie établie par l'art. 691 ne peut donner naissance à la complainte. Cette conséquence, et l'exception que la loi y apporte relativement aux

servitudes anciennes, sont suffisamment développées et expliquées dans les articles que nous avons rappelés plus haut.

Il faut, bien entendu, excepter de la règle que nous posons le cas où la servitude discontinue ou non apparente est fondée sur un titre, car alors disparaît la présomption de précaire, qui viciait la possession. De nombreux arrêts l'ont ainsi jugé.

378. Que doit-on entendre par titre en matière de servitude ? C'est évidemment l'acte de concession émané de celui qui est propriétaire du fonds assujetti. La servitude, constituant en quelque sorte une partie de ce fonds, ne peut être concédée que par celui qui en est réputé propriétaire. Ainsi l'acte de vente, l'acte de partage, desquels il résulterait que l'acquéreur, que l'un des copartageants a sur le fonds voisin un droit de servitude, seraient insignifiants. C'est ce que dit en termes positifs, et bien surabondamment, la disposition de l'art. 695 : « Le titre constitutif de la servitude, à l'égard de celles qui ne peuvent s'acquérir par la prescription, ne peut être remplacé que par un titre récognitif de la servitude, et *émané du propriétaire du fonds asservi.* »

379. Si le titre émanait du propriétaire apparent du fonds assujetti, la possession qui se fonderait sur ce titre autoriserait-elle la complainte ? Nous ne le pensons pas. La possession ne pourrait valoir que par le titre. Or ce titre serait impuissant.

380. Une servitude qui ne réunit pas les conditions voulues par la loi pour se maintenir par le seul effet de la possession peut, dans certains cas, résulter implicitement d'un titre. Cela arrive lorsqu'elle est la conséquence obligée d'une servitude établie.

L'art. 696 donne à la fois le précepte et l'exemple. — « Quand on établit une servitude, on est censé accorder tout ce qui est nécessaire pour en user. Ainsi, la servitude de puiser de l'eau à la fontaine d'autrui emporte nécessairement le droit de passage. »

381. La servitude, alors même qu'elle est discontinue, peut encore être implicitement constituée par un titre, pourvu qu'elle soit apparente, dans le cas prévu par la disposition de l'art. 694. « Si le propriétaire des deux héritages entre lesquels il existe un *signe apparent* de servitude, dispose de l'un des héritages sans que le contrat contienne aucune convention relative à la servitude, elle continue

d'exister activement ou passivement en faveur du fonds aliéné ou sur le fonds aliéné. »

La servitude *apparente* sur laquelle les parties ne se sont pas expliquées, n'en est pas moins réputée avoir été tacitement comprise de part et d'autre, à titre d'accessoire, dans la disposition de l'héritage. L'art. 694 fait application aux servitudes du principe qu'on retrouve consacré dans différentes dispositions du Code, notamment dans celles des art. 1018 et 1615, à savoir, que la disposition du principal entraîne avec elle celle de l'accessoire. Plusieurs jurisconsultes, parmi lesquels M. Toullier, n'ont voulu voir dans l'art. 694 qu'un exemple donné par le législateur de la destination du père de famille dont les art. 692 et 693 indiquent la définition et les effets. Ils ont, en conséquence, déclaré qu'à ces expressions *signe apparent*, on devait ajouter celles-ci, *et continu*. C'est pousser l'interprétation un peu loin. Nous préférons l'explication que nous avons donnée, et à l'appui de laquelle nous pouvons invoquer l'autorité de la Cour de cassation : « Attendu, porte sa décision du 16 février 1832, que l'arrêt reconnaît de plus l'existence d'un *signe apparent* de la *servitude de passage* dont il s'agit ; d'où il suit que l'arrêt, en jugeant que le sieur Libault a conservé le droit de servitude par lui réclamé, non-seulement n'a violé aucune loi, mais a fait au contraire une juste application des art. 691 et 694 du Code Napoléon, rejette. »

382. La destination du père de famille dont l'art. 693 règle les conditions, ne vaut titre, d'après l'art. 692, qu'à l'égard des servitudes *continues et apparentes*. Ces servitudes pouvant s'acquérir par la seule possession, il importe peu d'examiner au possessoire la question de destination du père de famille.

CHAPITRE X.

Des actions possessoires relativement aux droits d'usufruit, d'habitation, d'usage dans les forêts et des mines et minières.

383. L'*usufruit*, l'*usage* et l'*habitation* sont des droits réels immobiliers ; par suite, à ce titre, s'ils ne sont pas susceptibles de possession proprement dite, ils le sont de *quasi-possession* et d'actions possessoires. Dalloz, *Act. poss.*, nos 477 et 479 ; Henrion de Pansey, *Comp.*, ch. XL.

« L'usufruitier, dit Bourjon, troublé dans son usufruit, a la voie de la complainte ouverte, parce que son droit est un droit réel qui lui ouvre toutes les actions nécessaires pour le maintenir dans sa jouissance. Il doit donc avoir ce droit et cette action de même que le propriétaire, comme suite de sa qualité et de son droit. »

384. Curasson, *Compétence*, II, p. 162, se prononce dans le même sens. « L'usufruitier, dit-il, troublé dans la possession de son usufruit, peut donc agir non-seulement contre le propriétaire qui serait l'auteur du trouble, mais aussi contre les usurpateurs de la propriété : sa jouissance s'identifie, comme on vient de le dire, avec celle du propriétaire ; un tiers ne peut porter atteinte à la possession de l'un sans nuire à celle de l'autre. De son propre chef, l'usufruitier est intéressé à se faire maintenir en possession, puisque, d'après l'article 617, l'usufruit s'éteint par le non-usage pendant 30 ans. Et, pour ce qui concerne la conservation de la propriété, l'usufruitier peut être ici considéré comme le mandataire, le *procurator in rem suam* du propriétaire.

« En obligeant l'usufruitier de dénoncer l'usurpation commise par un tiers, à peine d'en être responsable, l'article 614 du Code semblerait dire que le propriétaire a seul capacité pour intenter les actions possessoires. Mais celui-ci peut avoir des moyens particuliers à faire valoir ; d'ailleurs, il ne peut contraindre l'usufruitier à agir au possessoire. Voilà pourquoi la loi impose l'obligation d'avertir le propriétaire. Mais cette disposition n'interdit pas à l'usufruitier la faculté d'agir lui-même pour la conservation de son droit, seul, ou conjointement avec le propriétaire.

« Ces principes sont consacrés par la jurisprudence : « Attendu « qu'aux termes de la loi, l'usufruit est un droit réel, distinct de la « propriété du fonds, et que, comme tel, il engendre des actions « possessoires, ainsi que toutes les autres actions qui naissent d'un « droit réel ; — Que si, dans l'intérêt du propriétaire, l'usufruitier « est tenu de lui dénoncer les troubles survenus, il a le droit d'a- « gir contre lui lorsque le trouble qu'il éprouve dans sa jouis- « sance provient du fait de ce dernier ; — Que, par cela même « qu'il jouit en maître par lui-même, il a les actions attachées à « sa possession, soit *contre les tiers*, soit *contre le propriétaire*, et, « en les intentant, il n'exerce pas le droit d'autrui, mais son droit « personnel. » Cass., 14 déc. 1840.

385. Belime, *Traité des Actions*, p. 128, n'est pas moins explicite : « Après le propriétaire, dit-il, l'usufruitier, qui possède un démembrement de la propriété, jouit aussi de l'exercice de ces actions, comme tout le monde s'accorde à le reconnaître aujourd'hui. Il est bien vrai que, sous un rapport, l'usufruitier n'est qu'un détenteur précaire ; que l'article 2236 lui donne ce nom ; que c'est même pour cela qu'il ne peut prescrire. Mais il faut bien distinguer deux choses : l'usufruitier détient pour autrui le fonds lui-même, la propriété ; mais son droit d'usufruit, qui forme un immeuble distinct, puisqu'il est même susceptible d'hypothèque, il le possède *nomine proprio*. Il le possède si bien qu'il pourrait l'acquérir par la prescription. Il doit donc aussi pouvoir intenter la complainte. Cela n'empêche pas le nu propriétaire de posséder en même temps que l'usufruitier, seulement ils possèdent sous deux points de vue distincts. Le nu propriétaire possède la nue propriété par le ministère de l'usufruitier, comme le bailleur possède par le locataire. Il la possède actuellement, et l'on en trouve la preuve manifeste dans l'article 2236, où l'usufruitier est rangé au nombre de ceux qui détiennent pour autrui. Ainsi, posons les principes avec netteté : la possession de l'usufruitier sert en même temps à deux personnes ; elle lui sert à lui-même, quant à l'usufruit ; elle profite au nu propriétaire, quant à la nue propriété.

« Concluons de là que, lorsqu'une usurpation est commise, l'action possessoire appartient à tous les deux : à l'usufruitier, parce qu'on le trouble dans sa jouissance; au nu propriétaire, parce que cet acte tend à lui dénier son droit. La marche la plus régulière et la plus sûre serait sans doute qu'ils se réunissent pour suivre l'action en commun; mais il n'en sera pas toujours ainsi, l'absence ou la mauvaise volonté de l'un pouvant forcer l'autre à agir seul. Voici les principes qui devront être suivis dans ce cas. Si l'usufruitier gagne, il gagne en même temps pour le nu propriétaire; car, étant responsable envers lui des usurpations (art. 614), il faut bien que le jugement favorable qu'il obtient profite au propriétaire. Mais, au contraire, s'il succombe, le jugement ne lie pas ce dernier, qui pourra former une nouvelle action en complainte, pourvu qu'il soit encore dans l'année du trouble, l'usufruitier n'ayant pas pouvoir de compromettre ou de diminuer ses droits. Il y a plus : s'il triomphe, l'usufruitier sera même relevé et recommencera à jouir de la chose rentrée dans la main même du propriétaire, parce qu'elle n'y est rentrée que grevée du droit d'usufruit qui l'affectait.

« Non-seulement l'usufruitier et le nu propriétaire ont l'action en trouble concurremment contre les tiers, mais ils l'ont également l'un contre l'autre. C'est pourquoi je l'accorderais à l'usufruitier, si le nu propriètaire prétendait démolir une maison, s'il enlevait une récolte ou ensemençait une terre labourable. Je la donnerais aussi au nu propriétaire, si l'usufruitier opposait de la contradiction à ses droits en se prétendant seul maître de la chose. Les actions possessoires étant des actions réelles qu'on exerce *contra quemcumque turbantem vel impedientem*, il n'y a pas de raison pour qu'ils ne puissent pas s'attaquer réciproquement, comme ils attaqueraient des tiers.

« Si pourtant l'usufruitier, sans se prétendre propriétaire, excédait seulement les limites de son droit en abattant des futaies ou en anticipant des coupes, bien qu'on pût soutenir jusqu'à un certain point que c'est là un trouble à la possession du nu propriétaire, je conseillerais d'agir plutôt en dommages-intérêts devant le tribunal civil.

« Il arrive quelquefois que deux cousufruitiers d'un même héritage conviennent d'en jouir *alternis annis*, au lieu de le partager entre eux. Serait-ce un cas d'action possessoire si l'un d'eux troublait l'autre pendant son année de jouissance ? On ne doit pas le décider ainsi, car l'arrangement intervenu, encore qu'improprement qualifié partage, n'a pas eu pour effet de rendre chaque contractant seul usufruitier pendant l'année où il doit jouir. Ils sont tous deux usufruitiers pendant toute leur vie, ils le sont à chaque instant. Ce cas est absolument comparable à celui où deux copropriétaires seraient convenus de jouir *alternis annis*, ce qui ne ferait pas cesser l'indivision sans doute, car on ne se fait pas l'idée d'une propriété sujette à une telle intermittence. Il faut induire de là que celui qui trouble l'autre ne lui conteste pas son usufruit ou sa propriété, mais seulement qu'il viole un contrat, à peu près comme un propriétaire qui ne voudrait pas laisser jouir son fermier. C'est donc une question du ressort des tribunaux ordinaires. »

386. *De l'usage et de l'habitation.* Ce qui précède sur l'usufruit s'applique à l'usage et à l'habitation. Voici d'abord, à cet égard, les dispositions du Code Napoléon :

« Les droits d'usage et d'habitation s'établissent et se perdent de la même manière que l'usufruit. » C. Nap., 625.

« On ne peut en jouir, comme dans le cas de l'usufruit, sans ordonner préalablement caution et sans faire des états et inventaires.» *Ibid.*, 626.

« L'usager et celui qui a un droit d'habitation doivent jouir en bons pères de famille. » *Ibid.*, 627.

« Les droits d'usage et d'habitation se règlent par le titre qui les a établis et reçoivent, d'après ses dispositions, plus ou moins d'étendue. » *Ibid.*, 628.

« Si le titre ne s'explique pas sur l'étendue de ces droits, ils sont réglés, dit l'article 629, ainsi qu'il suit :

« Celui qui a l'usage des fruits d'un fonds ne peut en exiger qu'autant qu'il lui en faut pour ses besoins et ceux de sa famille. Il peut en exiger pour les besoins même des enfants qui lui sont survenus depuis la concession de l'usage. » *Ibid.*, 630.

« L'usager ne peut céder ni louer son droit à un autre. » *Ibid.*, 631.

« Celui qui a un droit d'habitation dans une maison peut y demeurer avec sa famille, quand même il n'aurait pas été marié à l'époque où ce droit lui a été donné. » *Ibid.*, 632.

« Le droit d'habitation se restreint à ce qui est nécessaire pour l'habitation de celui à qui ce droit est concédé et de sa famille. » *Ibid.*, 633.

« Le droit d'habitation ne peut être cédé ni loué. » *Ibid.*, 634.

« Si l'usager absorbe tous les fruits du fonds, ou s'il occupe la totalité de la maison, il est assujetti aux frais de culture, aux réparations d'entretien et au payement des contributions comme l'usufruitier; s'il ne prend qu'une partie des fruits ou s'il n'occupe qu'une partie de la maison, il contribue au prorata de ce dont il jouit. » *Ibid.*, 635.

« L'usage des bois et forêts est réglé par des lois particulières. » *Ibid.*, 636.

Tels sont les textes que M. Miroy, p. 21, a parfaitement expliqués; nous lui empruntons son analyse, qui terminera ce chapitre.

387. L'usage est un droit réel; il donne à l'usager la faculté de se servir de la chose d'autrui et d'en percevoir les fruits, mais seulement jusqu'à concurrence de ses besoins et de ceux de sa famille. Il peut n'être aussi qu'un droit attaché à la personne, c'est-à-dire qu'il s'eteint avec la personne à laquelle il est concédé.

388. Les droits d'usage et d'habitation ne sont en réalité que des modifications du droit d'usufruit : aussi s'établissent-ils et se perdent-ils de la même manière que l'usufruit. Toutefois, il convient de faire remarquer qu'ils ne peuvent s'établir par le seul effet de la loi, sauf le cas prévu par l'article 1465, et que la disposition de l'article 619, par laquelle l'usufruit qui n'est pas accordé à des particuliers ne dure que trente ans, n'est pas applicable au droit d'usage.

389. L'usage est une espèce de servitude, et cette servitude est discontinue; or, ainsi qu'on l'a vu ci-dessus, une servitude de cette nature ne peut s'acquérir par la prescription. Cependant, le droit d'usage pourrait s'acquérir de cette manière s'il s'exerçait par une possession *continue*, comme dans le cas où l'usager aurait été mis en possession du fonds, parce qu'il en absorbait tous les fruits, car, la jouissance, dans ce cas, ne présenterait aucune différence avec celle de l'usufruitier. Duranton, n° 7; Proudhon, n° 2754.

390. Quant au droit d'habitation, celui qui l'exercerait, alors même qu'il n'occuperait pas toute la maison, n'en jouirait pas moins comme usufruitier, d'où la conséquence que son droit pourrait également s'acquérir par prescription. Duranton, nº 8.

391. Le Code Napoléon soumet celui au profit duquel est constitué le droit d'usage ou d'habitation aux mêmes obligations que celles qu'il impose à l'usufruitier ; on doit en conclure, nonobstant les termes de l'article 626, qu'il doit être dispensé de fournir caution, dans le cas où l'usufruitier en serait lui-même dispensé. Ainsi, aux termes de l'article 601, le vendeur ou le donateur sous réserve d'usufruit n'étant pas tenu de cette obligation, le vendeur ou le donateur avec réserve du droit d'usage nous paraît également devoir en être affranchi. Il doit en être de même dans le cas où l'acte constitutif dispense l'usager de donner caution. Du reste, l'usager doit, comme l'usufruitier, toujours jouir de ses droits en bon père de famille, sous peine de les voir réduire ou de les voir annuler par suite de l'abus qu'il en ferait.

Le droit d'usage et d'habitation devant être réglé par le titre qui les a établis, c'est aux parties à stipuler avec soin les conditions sous lesquelles il doit être exercé.

L'usufruit donne à l'usufruitier le droit de percevoir la totalité des fruits que produit la chose soumise à l'usufruit, mais l'usager ne peut en exiger qu'autant qu'il lui en faut pour ses besoins et ceux de sa famille.

392. Cette différence, dans la nature du droit, établit aussi plusieurs différences dans la perception des fruits ; en effet, le droit d'usage est essentiellement indivisible, car on ne peut diviser les besoins d'une personne; au contraire, l'usufruit est divisible, puisqu'il est possible de déterminer telle ou telle part des produits qui naissent de la chose : ainsi, on pourrait léguer la moitié de l'usufruit d'un fonds, mais on ne pourrait léguer la moitié de l'usage d'un fonds ; le testateur qui voudrait restreindre le droit d'usage devrait déterminer d'une manière spéciale l'étendue du fonds sur laquelle ce droit devrait s'exercer.

393. D'une autre part, il ne peut y avoir lieu au droit d'accroissement entre deux colégataires; car l'usager ne peut prendre des

fruits au delà de ses besoins et de ceux de sa famille, tandis que l'accroissement a lieu, en matière d'usufruit, dans les cas déterminés par la loi. Art. 596.

394. Enfin, si on lègue à une personne l'usufruit d'un fonds et à une autre l'usage de ce fonds, les droits de l'usager s'exerceront avant ceux de l'usufruitier; car le droit d'usage ne peut être divisé, tandis que l'usufruit, donnant droit à tous les émoluments de la chose, peut souffrir le partage.

395. L'usufruitier ayant droit à la totalité des fruits, il importe peu qu'il en jouisse par lui-même ou qu'il en dispose au profit d'un autre; aussi la loi lui permet-elle de donner à ferme, ou même de vendre ou céder son droit à titre gratuit. C. Nap., 595.

Mais, l'étendue du droit d'usage devant se régler sur les besoins de l'usager et ceux de sa famille, il est évident qu'il se modifierait, s'il passait en d'autres mains; telle est la raison de la prohibition de l'article 631 C. Nap. L'usager ne pourrait même disposer des fruits qu'il aurait perçus, ni même les transmettre à ses héritiers; car il ne fait pas les fruits siens par la seule perception, il faut encore qu'il les ait consommés; la consommation est nécessaire pour que le droit d'usage soit pleinement exercé. Duranton, 25 et 26; Merlin, *Usage,* sect.II, § 5.

396. Le droit d'usage étant exclusivement attaché à la personne, il faut tirer de ce principe la conséquence que les créanciers de l'usager ne peuvent saisir son droit, ni l'exercer en son lieu et place. (C. Nap. 1166.) A la différence du droit d'usufruit, il ne peut non plus être hypothéqué : cela découle du même principe. Cependant, MM. Duranton et Proudhon pensent que l'ordre public ne s'oppose pas à ce que l'usager puisse être autorisé par son titre à louer ou à céder son droit. Duranton, n° 24; Proudhon, n° 2766.

397. Dans cette hypothèse, la cause d'inaliénabilité n'existant pas, seule cause d'insaisissabilité, le droit de l'usager pourrait être saisi. Il pourrait même toujours, dans le cas proposé, être hypothéqué, car le droit d'usage participe de la nature du droit d'usufruit, lorsqu'il est aliénable. Duranton, *ibid.*

398. Il en est du droit d'habitation comme du droit d'usage, seu-

lement il s'applique exclusivement à la jouissance des lieux et constitue une sorte de bail, soit à vie, soit à terme. Delvincourt, t. Ier, p. 160; Proudhon, nos 2812 et 2817; et Duranton, t. V, nos 19 et 45.

Les règles relatives au droit d'usage sont également communes au droit d'habitation.

399. Quant à la répartition des charges entre l'usager et le propriétaire, elle se fera toujours sur cette base : si l'usager absorbe tous les fruits, il sera assujetti à tous les frais qui sont à la charge de l'usufruitier; s'il n'en perçoit qu'une portion, ou s'il n'occupe qu'une partie de la maison, il devra supporter ces frais au prorata de ce dont il a joui; il faudra donc, pour régler la contribution, faire chaque année une appréciation comparative de la quantité des fruits qu'il aura prélevés. Proudhon, nos 2791 et suiv.

400. Le droit d'usage dans les forêts est réglé par les dispositions du Code forestier, notamment par les art. 58, 60, 61 à 85, 89, 103 à 112, 118 à 121.

401. L'usage dans les bois, sa nature, son étendue et son application doivent se régler par les titres; sur cette matière, les juges ont un entier pouvoir d'appréciation et d'interprétation. Cass., 11 juillet 1839.

402. Il est de principe que le droit d'usage n'est incessible que lorsqu'il s'agit du droit d'usage personnel. Cette disposition n'est pas applicable aux droits d'usage dans les forêts. Cass., 10 février 1835.

403. Le droit d'usage dans les bois n'est pas un véritable démembrement de la propriété, il ne constitue qu'une sorte de servitude discontinue, et, conséquemment, l'usager n'est pas soumis à payer la contribution foncière. Cass., 30 juillet 1838.

404. Cette décision est surtout applicable lorsque les usagers n'absorbent pas par leurs droits d'usage la totalité des fruits que produit le bois sur lequel ils exercent leurs droits. Bourges, 15 juin 1838.

405. En ce qui concerne les droits d'usage dans leurs rapports avec l'action possessoire, la possession de l'usager n'est pas positi-

vement précaire, dans la véritable acception du mot ; s'il y a quelque chose de précaire dans cette possession, ce n'est que relativement aux droits du propriétaire du fonds sur lequel s'exerce le droit d'usage ; et, quant aux droits de l'usager, il en use *pro suo*, comme maître *animo domini* : si nous ajoutons, comme cela est vrai, que les droits d'usage sont des droits réels, nous arrivons à cette conclusion que ces droits sont protégés par les actions possessoires, et que le trouble dans leur exercice peut motiver l'action en complainte possessoire de la part du possesseur.

406. Mais si ce point ne souffre aucune difficulté relativement aux droits d'usage autres que ceux qui s'exercent sur les forêts ; si, comme l'enseignent M. Troplong, n° 364, et M. Proudhon, n° 2754, ils peuvent s'établir par la prescription, il n'en est pas de même des usages forestiers ; car c'est une question fort controversée que celle de savoir si la possession de ceux-ci, qui n'est point appuyée sur un titre, est une possession utile ou de simple tolérance. M. Troplong se prononce en faveur de l'efficacité d'une longue possession des droits d'usage dans les forêts ; il fait le rapprochement des articles 636, 688 et 691 du Code Napoléon. D'après l'article 636, l'usage des bois et forêts est réglé par des lois particulières. L'article 688 range au nombre des servitudes discontinues les droits de passage, puisage, pacage et autres semblables ; et l'article 691 dispose que les servitudes discontinues ne peuvent s'établir que par titres. Il s'en sert pour combattre ce qu'il y a d'exagéré dans l'opinion de M. Merlin et dans celle de M. Proudhon qui se sont prononcés en sens contraire, relativement à la prescription, en ce qui touche le droit d'usage dans les forêts, et il arrive à conclure que certains de ces droits ont pu s'acquérir par prescription.

« S'il fallait remonter à l'origine des usages, dit l'éminent auteur, on les trouverait contemporains de l'établissement de la population rurale sur le territoire désert des campagnes des Gaules conquises par les Francs. Ils ont pris naissance avec elle, ils se sont étendus et multipliés lors de son affranchissement. Perdus dans la nuit des temps, consentis à des époques où l'on n'écrivait pas, fondés sur des possessions immémoriales plutôt que sur des titres, il n'en est presque pas que l'on n'eût pu ébranler, lors de la rédaction des coutumes et des codes forestiers, si on leur eût demandé leurs titres primordiaux de concession, et si on eût fait abstraction des jouissances séculaires qui les attestaient. Alors, cependant, des intérêts nouveaux feraient attacher plus de prix à la liberté des forêts ; des débouchés avaient été ouverts à la consommation des bois ; l'industrie avait commencé à prendre un certain essor ; elle venait utiliser ces richesses forestières, jusque-là sans valeur pour les propriétaires ; enfin, une impulsion rivale des droits d'usage élevait ses premières plaintes contre leur extension. Toutefois, on les respecta dans leur principe, sinon dans le mode de leur exercice, et l'on admit les usagers à justifier par la possession immémoriale, ou par une possession trentenaire, accompagnée du payement des redevances, les droits si précieux pour le bien-être de la classe agricole, dont la féodalité les avait dotés. C'était là le droit commun attesté par Loisel : « Nul ne peut avoir droit d'usage ou pâturage en seigneurie ou haute justice d'autrui sans titre, ou sans en payer redevance par temps suffisant pour acquérir prescription, ou qu'il y ait possession immémoriale. » Aujourd'hui, les temps sont changés ; les droits d'usage sont devenus presque odieux ; le besoin de la conservation des forêts va même jusqu'à faire prendre en haine ceux qui s'appuient sur des titres sacrés et sur l'antiquité la plus reculée. On ne fait pas attention que si on les enlevait à l'agriculture, on porterait la perturbation dans les campagnes, et qu'on réduirait au désespoir leurs paisibles et laborieux habitants. »

407. M. Troplong, s'autorisant ensuite de l'article 636, qui déclare que les droits d'usage dans les forêts sont régis par des lois particulières, estime que les principes ordinaires ne leur sont pas nécessairement applicables, et qu'il y aurait du danger à les leur imposer, sans examiner avec scrupule si, par leur nature, ils n'y répugent pas. Il admet avec M. Merlin, contre M. Proudhon, que les droits d'usage sont des servitudes ; mais il ne tire pas, comme lui, de l'article 691 la conséquence qu'ils n'ont pu s'acquérir par la prescription. Il réfute M. Proudhon, qui fait des droits d'usage des droits mixtes tenant plus de la propriété foncière que de la servitude, mais il convient avec lui qu'ils se transforment, par le cantonnement, en droits de propriété susceptibles d'une possession véritable comme l'est l'usufruit.

« Voilà donc, dit M. Troplong, le droit aux échalas, le droit à l'extraction de la pierre et du sable placés expressément parmi les servitudes pures ; et cependant M. Proudhon les énumère dans la catégorie de ceux qui sont plus que des servitudes ! ! !

« Nous avons ensuite le Code Napoléon qui vient au secours de la loi romaine. L'article 688 donne au droit de pacage le nom de servitude discontinue. Ulpien avait déjà tenu le même langage. Et remarquez que le Code Napoléon n'est pas limitatif ; il ajoute : *et autres semblables;* ce qui donne un vaste champ à la classification et permet d'assimiler au pacage tous les autres droits de pâturage, tels que panage ou paisson des glands, vive et grasse pâture, etc.

« Ainsi voilà des droits d'usage très-importants : le droit aux échalas, les droits de glandée, de grasse pâture et de pacage, le droit d'extraction de pierres d'une carrière, qualifiés servitudes par l'accord des lois romaines avec le Code Napoléon. Je ne vois pas pourquoi on porterait un autre jugement du droit de couper du bois pour le marronnage ou le chauffage ; la similitude est parfaite. »

408. M. Troplong discute ensuite la question de savoir si on doit appliquer aux droits d'usage, véritables servitudes discontinues, l'article 691 du Code Napoléon, et il prétend que MM. Merlin et Proudhon ont également tort par l'exagération à laquelle ils se laissent entraîner, dans leurs systèmes contraires, M. Merlin en ne voulant pas qu'on s'écarte de l'article 691, et M. Proudhon en repoussant cet article d'une manière trop absolue.

Après avoir établi que, dans les anciennes coutumes, les droits d'usage dans les bois sont toujours réglés dans des titres différents du titre des servitudes, M. Troplong affirme que les rédacteurs de ces coutumes ne mettaient pas en question que les droits d'usage ne fussent des servitudes, et il cite, comme preuve de son assertion, l'article 9 du titre XVII de la coutume du Nivernais, qui est ainsi conçu : « La jouissance dudit droit de servitude ou usage par temps immémorial, *etiam* sans titre ou payement des redevances, *équipolle* à titre, et vaut en possessoire et pétitoire. »

409. Il y a sans doute une différence entre la servitude d'usage et la servitude ordinaire, et M. Troplong en donne la raison :

« C'est, dit-il, que, par les conditions de leur exercice, de leur établissement et de leur surveillance, les droits d'usage sont différents des servitudes ordinaires. C'est qu'ils tiennent, dans la catégorie des servitudes, un rang spécial à cause de leur importance et de la nature des héritages sur lesquels ils s'alimentent; c'est que, de même que nous trouvons des principes divers entre les servitudes continues et discontinues, apparentes et non apparentes, de même il fallait des règlements à part pour les usages qui, quoique servitudes discontinues, s'exercent à des conditions différentes des autres droits de servitude, à la famille desquels ils appartiennent. C'est également par cette raison que le Code Napoléon a dit, dans son article 636 : « *L'usage des bois et forêts est réglé par des lois particulières.* »

« L'imprescriptibilité, continue M. Troplong, *des servitudes discontinues ordinaires* est fondée sur la présomption de tolérance et de clandestinité dont sont viciés les actes possessoires par lesquels ils s'exercent. En est-il de même des servitudes usagères qui s'exercent sur les bois?

« On sait que ces servitudes ne peuvent se réaliser sans délivrances, même dans les bois des particuliers; les articles 119 et 120 du Code forestier en sont la preuve. Les droits de pâturage, parcours, panage et glandée, ne sauraient être exercés que dans les parties de bois déclarées défensables par l'administration forestière, et les chemins par lesquels les bestiaux vont au pâturage doivent être désignés par le propriétaire. Aucun usager ne peut se servir lui-même, soit pour son bois de chauffage, soit pour son bois de marronnage, qu'autant que les arbres ont été marqués et les coupes délivrées par l'administration forestière, contradictoirement avec le propriétaire.

« Or, supposons que l'usager offre de prouver que pendant trente ans le propriétaire a consenti à des délivrances annuelles et continues, soit d'une partie de taillis pour affouage, soit de futaies pour marronnage! Une telle possession n'équivaudra-t-elle pas à une convention? Osera-t-on parler de clandestinité? Supposera-t-on qu'il y a tolérance et familiarité de la part du propriétaire qui aurait consenti à voir priver sa forêt des essences les plus précieuses et des taillis qui en font la richesse? Tolère-t-on par complaisance ces enlèvements ruineux qui dévorent l'émolument du sol forestier?»

M. Troplong conclut de ce qui précède que les droits de pâturage exercés avec l'assentiment du maître et dans les conditions requises par le Code forestier, ne pourraient pas être attribués davantage à la familiarité, soit qu'il s'agisse de grasse pâture ou de panage, soit qu'il s'agisse de vaines pâtures; que, dans ces hypothèses, l'article 691 est inapplicable et qu'il ne s'oppose pas à la prescription trentenaire; que s'il s'agissait, à la vérité, d'une servitude discontinue ordinaire, rien ne remplacerait le titre; mais que, quand ce droit d'usage prend son assiette dans une forêt, un autre horizon s'ouvre et il faut se reporter à l'article 636, qui déclare *que l'usage des bois et forêts est réglé par des lois particulières*. Les articles 688 et 691, dit-il, fléchissent donc; l'importance et la gravité des usages forestiers en rendraient l'application absurde.

Après avoir repoussé, en ce qu'elle a de trop absolu, la proposition de M. Merlin, qui tendrait à faire gouverner les droits d'usage dans les bois par l'article 691, M. Troplong examine l'opinion de M. Proudhon, qui ne se contente pas de rejeter cet article 691, pour le cas où le droit d'usage s'est exercé au moyen de faits de délivrance qui font induire la reconnaissance du droit de la part du propriétaire; il veut encore qu'on se prononce pour la prescription, alors même qu'il n'y a pas de délivrance, pourvu que la somme des émoluments soit assez considérable pour rendre l'idée du précaire inadmissible. « Mais, continue M. Troplong, il y a une réponse aussi simple que tranchante à cette exagération : c'est que la prise de bois dans une forêt, sans délivrance, et l'envoi des bestiaux au pâturage, sans les précautions contradictoires voulues par la loi, sont des délits. Le Code forestier est formel à cet égard; nous avons cité ci-dessus ses dispositions positives. »

410. M. Proudhon, qui soutient que les usagers dans les forêts privées n'ont jamais été légalement astreints à prendre délivrance, a écrit, il est vrai, avant la promulgation du Code forestier, et, d'après son système, il semblerait que ce Code aurait introduit une innovation; mais il n'en est rien, et M. Troplong, passant en revue les coutumes et les monuments de notre ancienne législation forestière, prouve que le Code forestier ne fait que formuler plus énergiquement des règles existantes longtemps avant lui.

Au surplus, M. Troplong convient qu'il est un droit d'usage qui est essentiellement précaire, à moins qu'il ne soit concédé à perpétuité par des titres exprès : c'est le droit d'affectation, dont le but a été de procurer à des établissements industriels les moyens de surmonter les premières difficultés qui s'opposaient à leur création, mais non pas de leur servir de dotation irrévocable, lorsque surtout ils seraient en possession de leur plein développement. Troplong, *Prescription*, n°s 394 à 408.

411. M. Curasson combat l'opinion de M. Troplong; il prétend que cet auteur, en s'appuyant sur le consentement du propriétaire à des délivrances annuelles, paraît admettre que c'est par la preuve testimoniale que ce consentement pourra être établi, et il l'accuse d'avoir perdu de vue l'article 1341 du Code Napoléon, qui interdit la preuve par témoins de toutes choses dont la valeur excède cent cinquante francs, et cela quand le consentement dont il s'agit formerait, dit-il, une obligation, un contrat, dont l'usager a pu et a même dû se procurer une preuve par écrit; obligation qui ne saurait par conséquent être prouvée par témoins. Une pareille argumentation ne nous touche point, et M. Curasson ne nous paraît pas avoir bien compris M. Troplong. De quoi s'agirait-il, en effet, dans le cas proposé par celui-ci? Serait-ce de prouver par témoins la valeur, l'importance du droit d'usage? Évidemment non. Cette valeur est inappréciable en argent; la preuve porterait, non sur la valeur matérielle du droit d'usage, mais sur les faits tendant à établir la possession de l'usager, comme dans tous les autres cas où la possession sert de base à la demande. La prescription trentenaire équivaut à un titre, et certes les tribunaux ne s'arrêteraient pas devant cette considération que la possession de trente ans peut servir de titre au possesseur pour repousser la preuve de cette possession, dans le cas où elle serait offerte pour justifier qu'il aurait acquis non-seulement la possession, mais encore la propriété d'un immeuble par la prescription. L'argument de M. Curasson tiré de l'article 1341 du Code Napoléon nous paraît donc devoir être rejeté. Sans doute on ne pourrait aujourd'hui acquérir des droits d'usage dans les bois par la prescription; on ne suppose pas que, sous l'empire de nos lois actuelles, un propriétaire laisse établir, par des faits répétés successivement pendant trente ans, des droits

d'usage qui sont devenus presque odieux; mais en ce qui touche les droits de cette nature consacrés par une longue possession, sous l'empire des coutumes et de la législation préexistante, si, comme l'a dit M. Troplong, la faveur s'est transformée en aversion, il ne peut en être de même des principes qui n'ont pu se modifier au gré des propriétaires. Nous sommes donc de l'avis de M. Troplong, et nous repoussons l'opinion de M. Curasson, qu'il formule par cette conclusion : « Ainsi le demandeur en complainte aurait beau se prévaloir de la possession annale, en articulant que depuis plusieurs années le propriétaire de la forêt lui a fait marquer et délivrer des bois pour son usage, ou qu'il a consenti à l'introduction du bétail dans sa forêt; admettre la preuve de ces faits, ce serait violer tout à la fois et l'article 691 du Code, qui exige un titre, et l'article 1341, qui prohibe la preuve testimoniale de toutes choses dont la valeur excède cent cinquante francs. »

412. M. Curasson confond ici le pétitoire avec le possessoire; aussi pensons-nous que le droit d'usage peut donner lieu à l'action en complainte, lorsqu'il est fondé sur une longue possession acquise antérieurement à la promulgation du Code forestier, qui date du 31 juillet 1827; mais elle serait inadmissible si la possession n'avait commencé que depuis cette époque; c'est alors seulement que la production d'un titre constitutif de la servitude deviendrait nécessaire pour appuyer la possession, qui, sans cela, serait supposée n'être que de tolérance.

413. M. Curasson avance aussi que l'article 708 du Code Napoléon est applicable à toutes les servitudes, même aux servitudes discontinues, et par conséquent aux droits d'usage; d'où il conclut que si l'usager ne peut prescrire la servitude, il peut l'augmenter au delà de son titre et même prouver, par témoins, la possession de cette extension de son droit; il s'appuie d'un arrêt de cassation du 29 février 1832, qui a décidé, en effet, en matière d'usage, que cette preuve a pu être admise, parce qu'une fois la servitude établie et incontestée, il ne s'agissait plus que d'une vérification de faits qui ne constituaient pas ou ne prouvaient pas la servitude, mais constataient le mode et l'étendue de son exercice.

Nous ajouterons même qu'on peut fortifier l'opinion de M. Curasson d'un arrêt de Nancy du 31 mai 1833, duquel il semble résulter qu'il est possible de concevoir qu'un usager puisse, par le laps de temps, étendre son droit comme usager; toutefois, nous n'en persistons pas moins à soutenir que les servitudes continues et apparentes sont les seules qui peuvent être augmentées par le mode de jouissance, aujourd'hui que les droits d'usage, incontestablement classés parmi les servitudes discontinues, ne sont plus susceptibles de s'acquérir par la prescription. On pourrait partager le sentiment de M. Curasson, s'il admettait que les droits d'usage eussent pu, antérieurement à la législation actuelle, s'établir par la prescription; on ne conçoit plus son argumentation quand on sait qu'il repousse la prescription d'une manière absolue. Ce n'est plus le cas d'appliquer la maxime : *Tantum præscriptum quantum possessum*, car il faut maintenant pour les droits d'usage une base à la possession : cette base, c'est le titre de la concession. Il faudra donc toujours recourir au titre pour reconnaître l'étendue de la possession; or comment serait-il possible au juge d'accorder à l'usager une possession plus large que celle résultant de ce titre, lorsque l'extension de la servitude serait contestée par le propriétaire de la forêt? On n'en sent pas la raison. L'équité s'oppose à ce qu'on puisse, par le moyen de la prescription, aggraver la position du propriétaire en augmentant la charge, déjà si onéreuse, qui pèse sur sa propriété; aussi pensons-nous que c'est plutôt le cas d'appliquer à la question cette autre maxime de droit: *Ad primordium tituli, posterior semper refertur eventus*, et qu'il sera toujours sage de renfermer une possession de cette nature dans les limites qui lui auront été fixées par le titre de concession, parce que la possession au delà du titre ne réunit pas les caractères essentiels d'une possession utile pour prescrire.

Aussi M. Curasson apporte-t-il de suite un tempérament à son opinion, en admettant qu'on puisse, au pétitoire, faire restreindre l'usage conformément au titre, si toutefois, dit-il, la possession plus étendue n'a pas duré plus de trente ans, cas auquel l'usager aurait prescrit au delà de son titre : autre erreur si, comme nous le pensons, la possession pèche par sa base. Ce n'est pas ainsi que M. Troplong entend qu'on peut prescrire au delà de son titre :

« Rien n'empêche, dit-il, d'étendre les limites de sa jouissance, à titre de propriétaire, et de posséder plus que ne donne le titre. Jouir au delà de son titre n'est pas prescrire contre son titre. C'est pourquoi l'acheteur d'un arpent de terre taxativement peut en prescrire deux arpents : *Si fundus acceptus sit et ampliores fines possessi sint, totum, longo tempore, capi, Priscus ait.* Sans cela la prescription serait presque toujours inutile. » La règle réduite à ces termes nous paraît d'une juste application : on peut, par le laps de trente ans, prescrire le domaine de propriété d'un immeuble; rien ne s'oppose donc à ce qu'on puisse prescrire au delà du titre d'acquisition; mais les droits d'usage ne pouvant plus aujourd'hui s'acquérir que par titre, il nous paraît légalement impossible que l'usager puisse prescrire au delà de son titre; l'accessoire suit la condition du principal, et en prescrivant l'extension du droit d'usage, il est évident que l'usager prescrirait l'accessoire, alors qu'il n'aurait pu acquérir le principal par la prescription.

414. Quant à l'extinction des droits d'usage, les principes que nous avons exposés relativement aux autres servitudes leur sont également applicables; ces droits peuvent donc s'éteindre, notamment par la consolidation et par le non-usage.

415. Au possessoire, la possession actuelle, soutenue par un titre, suffit pour la justification de la demande en complainte de l'usager; mais comment devra-t-il justifier de cette possession? Là commencent les difficultés.

L'exercice des droits d'usage dans une forêt est soumis à des conditions toutes spéciales : il est actuellement réglé par les articles 66 et suivants du Code forestier. L'article 67 ne permet aux usagers d'exercer leurs droits de pâturage et de panage que dans les cantons qui auront été déclarés défensables par l'administration forestière, quels que soient d'ailleurs l'âge ou l'essence des bois, sous les peines portées par l'article 76; l'article 79 dispose que les usagers qui ont droit à la livraison de bois, de quelque nature que ce soit, ne pourront prendre ce bois qu'après que la délivrance leur en aura été faite par les agents forestiers sous les peines portées par le titre XII pour les bois coupés en délit; l'article 119 établit que les droits de pâturage, parcours, panage et glandée dans les bois des particuliers ne pourront être exercés que dans les parties de bois déclarées défensables par l'administration forestière et suivant l'état et la possibilité des forêts reconnus et constatés par la même administration ; enfin l'article 120 rend applicables à l'exercice des droits d'usage dans les bois des particuliers les articles 64, 66, § 1er, 70, 72, 73, 75, 76, 78, § 1er, et 2, 79, 80, 83 et 85 du Code forestier. L'exercice de ces droits, sans avoir observé les formalités qui sont prescrites par la loi, est donc illégal ; c'est une voie de fait qui est réputée délit et entraîne des peines de police correctionnelle. Cependant, en présence de cette législation, on s'est demandé si la possession résultant de cet exercice pratiqué illégalement suffit pour interrompre la prescription et motiver une demande en complainte, et si l'usager doit être admis en conséquence à prouver par témoins les faits de pacage ou d'extraction de bois pour son usage ?

L'affirmative est enseignée par tous les auteurs, et même par M. Merlin, qui avait d'abord professé l'opinion contraire ; mais la Cour de cassation s'est prononcée dans un autre sens ; elle a adopté par de nombreux arrêts une jurisprudence de laquelle il résulte qu'un titre ayant plus de trente années de date est par cela même censé prescrit ; que ce serait aux usagers à prouver que cette prescription a été interrompue ; mais que, pour en justifier, la preuve testimoniale est inadmissible, d'après les lois forestières qui, pour l'exercice des droits d'usage et de pâturage, exigent des actes de délivrance dont les usagers peuvent et doivent se procurer une preuve par écrit, aux termes de l'article 1341 du C. Nap.; que sans cette preuve, les actes de possession d'usagers dans une forêt ne sont que des voies de fait, des délits punissables de peines correctionnelles, des actes clandestins et de violence, incapables de fonder une juste possession, seule suffisante pour interrompre la prescription.

Cette jurisprudence est considérée comme beaucoup trop rigoureuse ; elle est tellement contraire aux principes ordinaires du droit, qu'il est à présumer que la Cour de cassation ne persistera pas dans son système. Dans tous les cas, il nous paraît que cette jurisprudence devrait être rigoureusement restreinte aux droits d'usage dans les forêts de l'État, encore bien que l'application en ait été faite, par divers arrêts, aux bois des particuliers ; mais une pareille décision ne nous paraît pas devoir être admise. Aussi la Cour suprême a-t-elle déjà elle-même consacré quelques exceptions qui tendent à revenir contre sa précédente jurisprudence. Ainsi elle reconnaît qu'à défaut de représentation d'un procès-verbal régulier, on peut y suppléer par tout autre titre équivalent qui sera considéré comme consacrant le fait de la délivrance, ce qui réduit la question à une simple interprétation d'actes ; elle admet également que les usagers peuvent invoquer un commencement de preuve par écrit, et qu'ils seront dans ce cas autorisés, pour compléter cette preuve, à recourir à la preuve testimoniale.

On en a tiré la conséquence que c'est le système lui-même adopté par la Cour de cassation qui est contraire aux principes. Il n'est guère possible, en effet, d'admettre que celui qui a exercé un droit incontestable publiquement, au vu et su de tous, puisse être privé de ce droit par prescription, par cela seul qu'il ne rapporterait pas un titre constatant qu'il a exercé ce droit dans telle ou telle forme ; il doit suffire, pour que la prescription ne lui soit pas opposable, que le fait de l'exercice du droit soit constant. S'il y a eu irrégularité dans le fait de la délivrance, rien n'empêche, sans doute, que la peine attachée à la contravention ne soit appliquée ; mais ce serait donner à la loi une extension qu'elle ne comporte pas, que d'en conclure que le droit lui-même est frappé dans son essence, car ce serait appliquer une nouvelle peine qui n'est point écrite dans la loi.

416. M. Troplong pose en principe que les actes extérieurs nécessaires pour conserver un droit acquis, n'ont pas besoin d'être aussi fréquents et aussi irréprochables que ceux qui sont exigés pour faire acquérir un droit qu'on n'a pas ; et à cette occasion, il discute un arrêt de la Cour de cassation rendu dans une espèce qui se rattache à la question que nous examinons.

« Delbos possédait un droit d'usage pour bois à brûler, dans une forêt appartenant à la famille Saluces. Le titre constitutif, d'accord avec les règlements forestiers, interdisait à l'usager de se servir par ses propres mains ; mais Delbos se permit de faire des coupes sans délivrance préalable, et, par jugement du tribunal correctionnel de 1823, il fut condamné en des dommages et intérêts. Plus tard, Delbos demande un cantonnement; mais Locard, représentant Saluces, oppose la prescription. Il se fonde sur ce que Delbos n'a fait que des coupes illégales et sans délivrance; qu'il s'est livré à une série de délits qui sont exclusifs de l'idée de possession. Arrêt de la cour de Riom du 27 juillet 1827, qui repousse la demande en cantonnement, sous prétexte que Delbos a laissé prescrire son droit, en ne jouissant que d'une manière illégale, ce qui équivaut au non-usage; et, sur le pourvoi, arrêt de la section des requêtes en date du 27 janvier 1829, qui est ainsi conçu : « Attendu que la prescription est acquise par le laps de trente ans; qu'elle aurait pu être interrompue par des faits de possession publique et paisible, mais non par un fait caractérisé délit, puni comme tel par un jugement de police correctionnelle contre lequel on ne s'est pas pourvu.... »

417. « Le mal jugé de cet arrêt est d'une évidence palpable; il ne sera pas difficile de le prouver. Sans doute, si Delbos n'avait fait en trente ans qu'un seul acte de jouissance, et qu'on le lui eût fait expier par un jugement de police correctionnelle et des dommages et intérêts, Delbos n'aurait pas possédé son affouage, car on le lui aurait retiré des mains; on l'aurait forcé à payer en argent ce qu'il aurait indûment retiré en nature. En d'autres termes, c'est comme si Delbos n'eût jamais joui.

Mais les faits n'étaient pas tels : on n'opposait à Delbos qu'un seul jugement correctionnel, tandis qu'il se prévalait, en revanche, de faits habituels de prise de bois. Il est vrai qu'on lui disait : Chaque coupe est un délit punissable et constitue une possession illégale. Sans doute il y avait délit, et, si on eût chaque fois poursuivi Delbos, on aurait pu le faire condamner en des dommages et intérêts; mais l'avait-on fait? Non! une seule fois en trente ans cela était arrivé; une seule fois en trente ans Delbos avait été obligé de rendre, par forme de dommages et intérêts, ce qu'il avait enlevé sur le parterre de la forêt : donc toutes les autres fois, Delbos avait profité de ces entreprises, et il avait appliqué ce bois coupé à ses besoins; donc l'émolument qu'il avait perçu ne lui avait pas été retiré; donc il avait joui réellement. Je conviens toutefois qu'il y avait abus dans sa jouissance : il aurait dû s'abstenir de se servir par ses propres mains ; mais je demande à quiconque ne veut pas se laisser aller à des licences fâcheuses d'interprétation si l'abus de jouissance peut être assimilé au défaut de jouissance, si l'on peut dire de quelqu'un qui a excédé ses droits qu'il n'en a pas usé !!! Quelle était la question ? De savoir si Delbos avait laissé perdre son droit par non-usage : or, dès l'instant qu'il avait été jusqu'à abuser, était-il sérieux de dire qu'il s'était abstenu ? Qu'on dise tant qu'on voudra que Delbos était répréhensible, j'y consens ; mais de tous les moyens de le punir d'avoir mal joui, la déchéance prononcée contre quiconque n'a pas joui du tout était le plus forcé. On ne fera jamais admettre que l'individu qui use jusqu'à l'excès puisse être vaincu par la présomption de renonciation, et que la prescription entraîne avec elle. » Troplong, *Prescription*, n° 264.

A l'appui de sa discussion, qui pourtant ne laisse rien à désirer, M. Troplong cite l'opinion de Merlin dont voici la doctrine sur l'objet qui nous occupe :

« S'il est vrai qu'un usager qui, en vertu d'un titre tout récent et non encore exécuté, aurait exercé pendant un an les droits d'usage sans acte préalable de délivrance, aurait par cela seul acquis le droit d'intenter complainte contre le propriétaire lui-même qui viendrait l'y troubler, à plus forte raison doit-on en conclure que si, après avoir exercé légalement ses droits d'usage pendant une longue suite d'années, il en a continué illégalement l'exercice, cette continuation suffit pour le maintenir dans sa possession, et par conséquent pour mettre ses droits à l'abri de la prescription trentenaire. »

Concluons donc que c'est au fait seul de la délivrance qu'il faut s'attacher, que c'est là un fait positif de possession qui peut, comme tout autre fait de même nature, être établi par témoins, et que toutes les fois que l'usager, soit dans les bois de l'État, soit dans les bois des communes, soit dans les bois des particuliers, rapportera la preuve soit par titre, soit par témoins, qu'il a joui de son droit d'usage depuis moins de trente ans, il devra être maintenu dans l'exercice de ce droit.

418. Le trouble susceptible de motiver l'action en complainte de la part de l'usager, peut résulter du refus du propriétaire de déli-

vrer les bois nécessaires à l'usage, ou de tout autre acte qui tendrait à anéantir le droit ou à l'amoindrir.

419. Mais à l'égard des droits de pâturage et de panage, le refus de faire reconnaître la défensabilité des bois ne peut donner ouverture à la complainte, à moins que le fond du droit lui-même ne soit contesté ; autrement l'usager pouvant s'adresser à l'administration forestière, pour faire constater l'état et la possibilité des bois, ou déclarer s'ils sont défensables (Code for. art. 119. — Ord. réglem. art. 151), ce serait donc à lui qu'il appartiendrait de faire procéder à cette reconnaissance, avant d'intenter son action en complainte possessoire, qui ne serait recevable qu'autant que le propriétaire persisterait dans son refus alors que la défensabilité aurait été déclarée par les agents forestiers.

420. Cependant il ne faut pas croire que le droit d'usage soit, pour le propriétaire, un obstacle à l'exploitation de sa forêt. La disposition qu'il ferait de ses produits, quoique préjudiciable à l'usager, ne saurait donc être le motif d'une action possessoire. Tout ce que peuvent faire les usagers, c'est de requérir, chaque année, la délivrance des bois qui leur sont nécessaires suivant leurs besoins, et en conformité des clauses du titre constitutif des droits d'usage. S'il arrivait que les coupes faites par le propriétaire ne pussent plus permettre de délivrer aux usagers ce qui leur est dû, ce serait alors une action en dommages-intérêts qui leur serait ouverte devant les tribunaux.

M. Curasson, qui donne cette décision, prétend que le juge de paix ne peut, sous aucun rapport, connaître de cette action ; mais il oublie, sans doute, que toutes les actions en dommages-intérêts sont des actions personnelles et mobilières de la compétence des juges de paix, en dernier ressort jusqu'à la valeur de cent francs, et en premier ressort jusqu'à celle de deux cents francs (loi du 25 mai 1838, art. 1er) ; donc l'action en dommages-intérêts de l'usager serait de la compétence du juge de paix, si les conclusions de la demande n'excédaient pas deux cents francs.

421. Si le propriétaire aménageait sa forêt de manière à rendre le droit de pâturage à peu près illusoire, les usagers pourraient se pourvoir devant les tribunaux pour la conservation de leurs droits,

par action ordinaire, et non par la voie de l'action possessoire, car il s'agirait alors du fond du droit qui serait contesté par le fait du propriétaire.

422. A l'égard des actions par lesquelles le propriétaire peut défendre son droit de propriété, si l'usage sur son fonds est exercé sans titre, il aura, soit l'action en complainte possessoire pour se faire maintenir en possession de son héritage en franchise de toute servitude, soit l'action devant le tribunal de police correctionnelle ou devant le tribunal de simple police, selon qu'il s'agira d'un délit ou d'une contravention, pour faire condamner le prétendu usager à l'amende applicable au cas dans lequel il se trouvera placé, et, en outre, aux dommages-intérêts qui pourraient lui être dus pour réparations civiles. S'il s'agit d'une forêt, l'usager, quoique muni d'un titre, pourrait être encore poursuivi devant le tribunal de répression, s'il avait coupé sans délivrance, ou fait pacager ses bestiaux dans une partie de la forêt qui n'aurait pas été déclarée défensable par les agents de l'administration forestière.

423. Il peut arriver aussi que l'usager ait négligé pendant une ou plusieurs années l'exercice du droit d'usage que lui confère son titre ; cette circonstance peut alors donner au propriétaire ouverture à l'action en complainte, pour se faire maintenir en possession de sa propriété en franchise du droit d'usage, quoique reposant sur un titre, et cette maintenue devra lui être accordée. Mais on sent que, dans ce cas, la maintenue possessoire est de peu d'importance, car le droit n'étant pas prescrit par le non-usage, l'usager pourrait le faire revivre en se pourvoyant au pétitoire.

424. En ce qui touche la servitude d'usage dans une forêt, faisons observer que les articles 65 et 119 du Code forestier subordonnent l'exercice de ce droit à une constatation préalable, celle de l'état et de la possibilité des forêts ; on doit en conclure que si l'usager a été empêché d'exercer son droit pendant plusieurs années, à cause de la faiblesse du recrû ou de l'indéfensabilité des coupes, il n'en a pas moins conservé la possession par l'intention et qu'il doit être maintenu dans cette possession, s'il justifie d'ailleurs qu'il a obtenu délivrance du bois, lors de la dernière exploitation, ou

qu'il a exercé le droit de pâturage antérieurement, lorsque la coupe était défensable.

425. De sa nature, le droit d'usage dans les bois est indivisible (C. Nap., art. 1221, n° 5); et c'est par le principe de cette indivisibilité qu'on doit régler les actions qui ont pour objet la constitution, la conservation, la transmission et les modifications de ce droit. Proudhon, n°s 3107 et 3109.

426. *Des usages communaux.* — Le droit d'usage établi ou réservé au profit de la généralité des habitants d'une commune ou d'une section de commune, est un droit communal. On entend, en général, par *commune* « une agrégation d'habitants considérés sous le rapport des relations locales qui naissent de leur réunion dans les villes et dans certains arrondissements du territoire des campagnes. » Constitution de 1791, art. 8.

La commune est quelquefois formée de plusieurs sections, et chacune d'elles peut avoir des biens communaux séparés; les membres qui composent chaque section peuvent seuls prétendre aux avantages que procurent ces biens.

« Les biens communaux sont ceux sur la propriété ou le produit desquels tous les habitants d'une ou plusieurs communes ou d'une *section de commune*, ont un droit commun. » L. 10 juin 1793, Ire section, art. 1er.

Cette rédaction a été reproduite par l'art. 542 C. Nap., sauf les termes de *section de commune* qui ont été omis; mais, au sentiment des auteurs, cette omission n'a pu apporter aucune modification au droit des habitants, et, s'il y a lacune, elle a été comblée par la législation postérieure, d'abord par le Code forestier, art. 1er, n° 4, et art. 72; mais notamment par la loi du 22 juillet 1837, titre Ier.

427. Les biens des communes sont patrimoniaux ou communaux.

Les *biens patrimoniaux* sont ceux dont l'être moral qu'on appelle *commune* a la propriété et la jouissance : tels sont les hôtels de ville, les théâtres, les hôpitaux.

Les *biens communaux* proprement dits sont ceux dont la nue propriété appartient à la commune, et la jouissance aux habitants pris individuellement; tels sont les terrains sur lesquels ils envoient paître leurs bestiaux, les forêts dans lesquelles ils vont prendre du bois, etc.

Pour jouir des biens communaux, il faut être non-seulement domicilié dans la commune, mais encore y résider.

428. Le droit de jouissance qui appartient aux habitants n'est ni moins constant, ni moins avéré que celui qui appartient à la commune dans la propriété, puisque ces sortes de terrains n'ont été réservés, lors du partage des terres, que pour servir aux usages communs; il est donc aussi vrai de dire que chaque habitant a son droit particulier de jouissance dans les biens communaux, qu'il est vrai de dire que l'être moral que nous appelons *commune* a la propriété de ces mêmes biens. Proudhon, *Traité d'usage*, 2e édition, t. III, p. 129.

429. Les biens communaux ayant été concédés ou acquis pour l'avantage de la corporation communale, il s'ensuit qu'en cas de distraction d'une section de commune pour la réunir à une autre, ou de réunion de deux communes, chacune d'elles doit conserver les biens communaux qui lui sont propres. L'acte de l'autorité publique qui ordonne la réunion ou la distraction n'a d'autre portée que de simplifier les rouages administratifs; il est, par conséquent, sans influence sur la législation qui régit le domaine de propriété des communes.

430. La loi du 26 février 1790 sur la division administrative de la France a admis en principe, titre Ier article 2 : « que, dans toutes les démarcations fixées entre les départements ou les districts, il est entendu que les villes emportent le territoire soumis à l'administration directe de leurs municipalités, et que les communautés de campagne comprennent de même tout le territoire, tous les hameaux, toutes les maisons isolées dont les habitants sont cotisés sur les rôles d'imposition du chef-lieu. »

431. Mais une autre loi en forme d'instruction, du 23 novembre 1790, a eu le soin de déclarer que les limites des municipalités *ne préjudicieront point aux droits de pâturage*, *usage*, etc. C'est d'après ce principe qu'ont été rédigés les actes qui ont prononcé la réunion des communes, sous les divers gouvernements.

Ce principe a, de nouveau, été consacré avec quelques modifications dans l'application, par la loi du 18 juillet 1837, articles 1, 2, 3, 4, 5, 6 et 7, auxquels on peut se reporter.

432. M. Curasson pose la question de savoir si, pour participer à la jouissance des biens communaux, il est nécessaire d'avoir la qualité de Français.

Il répond par la négative, en se fondant sur l'article 13 du Code Napoléon et sur l'article 105 du Code forestier, qui n'exige de la part de l'habitant, pour avoir part au partage de l'affouage, que la seule condition d'être *chef de famille ou de maison ayant un domicile réel et fixe dans la commune.*

M. Curasson cite à l'appui de son opinion deux arrêts de la Cour de cassation rendus dans les deux espèces suivantes :

Première espèce. Le conseil municipal de la commune d'Avioth avait refusé d'admettre au rôle des affouagistes trois habitants de cette commune, par le motif qu'étant nés dans le département des Forêts réuni à la France, ils étaient redevenus étrangers, faute par eux d'avoir fait la déclaration exigée par l'ordonnance du 14 octobre 1814. Mais, par jugement du tribunal de Montmédy du 18 mai 1836, ces particuliers furent admis au partage de l'affouage, parce que, selon la pensée du tribunal, l'établissement et la continuation de résidence de ces particuliers dans la commune suffisaient pour suppléer à la déclaration prescrite par l'ordonnance susrappelée.

Sur le pourvoi en cassation, la Chambre des requêtes, tout en improuvant ce motif, n'en a pas moins confirmé par son arrêt le jugement attaqué.

« Attendu, porte cet arrêt, que ce jugement a méconnu l'esprit et la lettre de l'ordonnance du 14 octobre 1814 ; que la nationalité ne pouvant jamais dépendre de simples inductions ou de présomptions quelconques, rien ne pouvait suppléer cette déclaration ; mais que la qualité de Français n'était pas demandée, et que l'unique objet du procès était des droits d'affouage dans les communaux qui étaient réclamés en la seule qualité d'habitants.

« Attendu, à cet égard, que le jugement attaqué constate en fait que les défendeurs éventuels avaient leur domicile réel et fixe dans la commune depuis près de vingt-six ans ; qu'ils y possédaient des biens ; qu'ils y étaient mariés et qu'ils y supportaient les charges publiques et communales ; d'où il suivait qu'on ne pouvait leur refuser la qualité d'habitants et les droits qui s'y rattachent, notamment les droits d'affouage et autres usages communaux, auxquels tout habitant est appelé à participer d'après l'ancienne comme d'après la nouvelle législation.

« Attendu que les étrangers pouvaient devenir habitants d'une commune, toutes les fois qu'ils ont été légalement autorisés à établir leur domicile en France ; que, dans l'espèce, cette autorisation résulte implicitement de l'ordonnance du 14 octobre 1814.

« Attendu au surplus que la loi du 10 juin 1793 a cessé d'être en vigueur sur ce point. » Cass., 26 fév. 1838.

Seconde espèce. Le maire et le conseil municipal de la commune d'Hierges avaient fait un règlement à la date du 27 septembre 1835, approuvé par le préfet du département des Ardennes, le 5 octobre suivant, dont l'article 3 excluait les étrangers domiciliés dans la commune du droit au parcours des communaux. Sans égard pour ce règlement, le fermier du duc d'Aremberg, qui était Belge, ayant conduit ses bestiaux sur lesdits terrains, procès-verbal de contravention fut dressé à sa charge, et par suite il fut traduit, à raison de ce fait, devant le tribunal de simple police du canton de Givet ; mais ce tribunal, attendu l'illégalité du règlement résultant de ce que, la qualité de Français n'étant pas nécesssaire pour avoir droit au pâturage des communaux, il s'ensuivait que celle d'habitant domicilié était légalement suffisante, renvoya le prévenu des fins de la plainte.

Pourvoi, dans l'intérêt de la loi, contre ce jugement, par ordre de M. le garde des sceaux. M. le procureur général se fondait pour demander l'annulation de ce jugement sur ce qu'il contenait fausse application de l'article 14, section IV, titre Ier du Code rural du 6 octobre 1791 ; violation des articles 3, section II ; 12 et 15, section III de la loi du 10 juin 1793, et par suite de l'art. 471, n° 15 du Code pénal.

« La Cour : — Sur le moyen pris de la violation des règles de compétence : — Attendu que le droit qui appartient aux conseils municipaux de régler le partage des affouages, pâtures et fruits communs, ne peut aller jusqu'à en exclure certains habitants ; que ceux qui sont exclus par le règlement conservent le droit, s'ils sont traduits devant les tribunaux pour y avoir contrevenu, de soutenir qu'ils doivent être admis à la jouissance commune ; que si leur exception se fonde sur des titres ou sur des faits de possession qui leur soient personnels, elle forme une question préjudicielle que le juge de répression doit renvoyer au juge civil ; mais que, dans la cause, Belot n'excipait d'aucun droit de propriété ou autre droit réel qui lui appartînt privativement ; qu'il revendiquait seulement les conséquences légales de sa qualité d'habitant de la commune de Hierges, fait non contesté, et à l'égard duquel il n'avait aucune preuve à faire ; qu'une telle exception devait être appréciée par le juge saisi de l'action.

« Sur le moyen pris de la violation des articles 3, section II ; 12 et 15, section III, de la loi du 10 juin 1793 et 471, n° 15 du Code pénal : — Attendu que les droits de pâturage et d'affouage que les habitants d'une commune exercent sur les biens communaux, qui sont réservés à cet effet, sont des droits réels existants pour l'utilité des maisons et héritages de la commune ; que la jouissance en appartient dès lors à tous ceux qui possèdent, habitent ou exploitent les maisons ou héritages, quelle que soit leur qualité ; que les articles 1, 2 et 3 de la section II de la loi du 10 juin 1793, qui faisaient de la qualité de citoyen français une condition nécessaire pour avoir droit au partage des biens communaux, sont sans application dans la cause, puisque leurs dispositions se réfèrent uniquement au partage et non à la jouissance desdits biens, ainsi que cela résulte de l'article 15, section III de cette loi ; que les étrangers à qui nos lois permettent d'être propriétaires ou fermiers en France doivent, comme tous les autres habitants, jouir des droits de pâturage et d'affouage sur les biens communaux ;

« Attendu qu'il est reconnu en fait, dans le jugement attaqué, que Belot habite, depuis plusieurs années, la commune de Hierges, et exploite, à titre de fermier, un domaine situé dans le territoire de cette commune ; — qu'ainsi, en refusant de prononcer aucune condamnation, tant contre lui que contre son pâtre, pour avoir contrevenu au règlement du conseil municipal de Hierges, qui réservait le pâturage des communaux aux chefs de famille ayant acquis la qualité de Français, le tribunal de police de Givet n'a violé aucune loi : — par ces motifs, la Cour rejette le pourvoi. » Cassation, 11 mai 1838.

Après l'exposé de ces principes concernant la nature des usages communaux et le mode de jouissance dont ils sont susceptibles, il nous reste à examiner à qui appartient l'exercice des actions possessoires relatives aux biens réputés communaux.

433. Aux termes de l'article 10 de la loi du 18 juillet 1837, le maire est chargé de la conservation et de l'administration des propriétés de la commune, et de faire en conséquence tous actes conservatoires de ses droits ; de représenter la commune en justice, soit en demandant, soit en défendant, sauf les exceptions prévues par la même loi.

434. En ce qui concerne les biens patrimoniaux, le maire a seul qualité pour agir en justice, ou pour y défendre au nom de la commune ; cependant, aux termes de l'article 49 de la loi précitée, tout contribuable inscrit au rôle de la commune a le droit d'exercer, à ses frais et risques, avec l'autorisation du conseil de préfecture, les actions qu'il croirait appartenir à la commune ou section, et que la commune ou section, préalablement appelée à en délibérer, aurait refusé ou négligé d'exercer ; toutefois la commune ou section doit être mise en cause, et la décision qui intervient a effet à son égard.

Cet article est relatif aux actions civiles ordinaires qui ne peuvent être intentées devant les tribunaux de première instance, sans l'autorisation du conseil de préfecture ; mais l'article 55 dispose que le maire peut, sans autorisation préalable, intenter toute action possessoire, ou y défendre et faire tous autres actes conservatoires ou interruptifs des déchéances. M. Curasson en conclut que le contribuable pourrait aussi intenter l'action possessoire à ses frais et risques, mais que l'autorisation du conseil de préfecture lui serait indispensable pour agir, à défaut de la commune, parce qu'il serait sans qualité, à moins que l'administration ne juge convenable de l'autoriser à défendre l'intérêt communal.

435. Nous avouons que cette opinion ainsi formulée ne nous satisfait pas. Lorsque la commune veut introduire en justice une action ordinaire, elle a besoin d'être autorisée à cet effet par le conseil de préfecture ; on conçoit dès lors que le contribuable qui veut exercer lui-même l'action qu'il croit appartenir à la commune, soit dans l'obligation de se pourvoir de cette autorisation ; mais, en ce

qui concerne les actions possessoires, le maire pouvant, aux termes de l'article 55, les intenter sans autorisation préalable, on ne voit pas pourquoi le particulier qui voudrait, dans ce cas, soutenir à ses frais et risques les intérêts de la commune, aurait besoin d'une autorisation, lorsqu'elle n'est point exigée pour le maire agissant au possessoire au nom de la commune. Aucun dommage ne peut résulter pour celle-ci de l'action du contribuable; il procède à ses frais et risques, et la commune est appelée en cause pour surveiller les intérêts de la communauté ; si le contribuable obtient gain de cause, la commune profite du bénéfice du jugement ; s'il succombe, il supporte les frais du procès et la commune n'éprouve aucun dommage, car elle aurait probablement succombé elle-même, si elle avait pris l'initiative de l'action ; elle a au contraire l'avantage d'assister à des débats dont la solution peut lui être favorable, sans courir aucun risque, et cette position nous paraît assez avantageuse, pour qu'on doive penser que l'autorisation préalable n'est pas nécessaire au contribuable qui, dans ce cas, aurait encore le mérite d'empêcher celui qui aurait troublé la commune dans sa possession de se prévaloir de la possession annale. Le contribuable n'est donc point sans qualité pour intenter l'action possessoire qui appartient à la commune, comme le prétend M. Curasson ; car s'il était sans qualité, l'autorisation du conseil de préfecture ne saurait lui conférer une qualité qu'il n'a pas, ce qui nous paraît détruire la conclusion de l'opinion de M. Curasson. Cependant nous croyons qu'il y a une lacune dans la rédaction de l'article 55 de la loi du 18 juillet 1837. Cet article aurait dû reproduire la disposition de l'article 49 relative au droit du contribuable, et telle est peut-être la seule raison qui puisse militer en faveur du sentiment de M. Curasson ; mais il y a même raison de décider dans un cas comme dans l'autre, alors *ubi eadem ratio, ibi idem jus esse debet.*

436. A l'égard des biens communaux dont les produits sont abandonnés à l'usage des habitants, une distinction est encore à faire : si le droit de propriété de la commune est contesté, alors le maire, représentant légal de la commune qu'il administre, ou le membre désigné par la commission syndicale, s'il s'agit d'un litige entre deux sections, est l'acteur ou le contradicteur légitime au procès. Voy. art. 56 et 57 de la loi du 18 juillet 1837.

437. Si, au contraire, le droit communal étant hors de contestation, le débat ne s'engage que sur l'usage dans la jouissance duquel un habitant serait troublé, ce particulier a évidemment le droit d'intenter et de soutenir en son nom privé les actions relatives à l'examen et à la reconnaissance de ce droit ; c'est ce qui résulte du reste d'un décret du 9 brumaire an XIII, visé dans une ordonnance du 27 novembre 1814, dont l'un des considérants est ainsi conçu :

« Considérant que lorsqu'un bien est reconnu communal, qu'il ne s'élève aucune contestation sur la propriété de la commune, chaque habitant a un droit personnel à la jouissance de ce bien, et peut par conséquent, ainsi que l'a décidé le décret du 9 brumaire an XIII, intenter *en son nom privé* les actions relatives à l'examen de ce droit ; mais qu'il en est autrement pour les actions qui concernent la propriété des biens communaux. »

438. De là, il faut tirer la conséquence que les habitants *ut singuli* peuvent agir au possessoire pour la conservation de leurs droits. C'est ce qu'enseigne M. Proudhon, *Traité d'usage*, 2e édition, t. III, pages 133 et 134, en ces termes :

« Il est hors de doute que tout habitant peut demander sa maintenue possessoire dans la jouissance de son usage dans les biens de la commune dont il est reconnu membre, ou dans laquelle il est reconnu avoir son domicile, parce qu'il est réellement fondé en titre, et par cela seul qu'il est habitant ; et que, quand même on le comparerait à un simple usager ordinaire, et qu'on supposerait encore que le droit d'usage, comme servitude discontinue, ne peut par lui-même donner lieu aux actions possessoires, cette double circonstance ne pourrait lui être opposée, pour l'écarter de sa demande en maintenue, attendu que c'est un point de jurisprudence bien reconnu et consacré par la Cour de cassation qu'on peut agir au possessoire pour conserver la jouissance des servitudes discontinues, lorsqu'on les possède avec titre. »

439. Après avoir rapporté cette opinion de Proudhon, M. Curasson pose cette question : « Si, sur l'action en complainte de particulier à particulier, l'adversaire conteste la propriété de la commune, ou qu'à la demande en maintenue dans la possession d'une propriété privée, il oppose qu'il s'agit d'un terrain communal, d'une

voie publique, cette contestation rend-elle le demandeur inhabile à soutenir la demande ou la défense, sans l'intervention du maire? »

L'affirmative, dit M. Curasson, semblerait résulter du décret du 9 brumaire an XIII et de l'ordonnance du 27 novembre 1814, et aurait en outre reçu la consécration de la jurisprudence, si on consulte les arrêts de cassation des 16 juillet 1822, 23 février 1825, 6 mai et 11 juillet 1826. En effet, ces arrêts ont admis en principe que dès l'instant qu'il s'élève une contestation sur la propriété communale, au maire seul appartient le droit de la soutenir, les particuliers entre lesquels l'action a été introduite étant sans qualité pour procéder sur cette action. Mais M. Merlin, dans ses questions de droit, v[is] *Vaine pâture*, a cherché à établir une distinction entre les droits qu'exercent les habitants sur un terrain appartenant à la commune et celui résultant d'une servitude communale de passage sur la propriété d'autrui ; il prétend que, dans ce dernier cas seulement, chaque habitant est recevable à faire valoir les droits de la commune. Deux arrêts avaient admis cette doctrine, l'un du 2 février 1820, l'autre du 24 juillet 1827, et comme ils ne constituent pas le dernier état de la jurisprudence, nous nous contentons de les indiquer par leur date. Mais, ajoute avec raison M. Curasson, qu'il s'agisse de la propriété ou d'une servitude appartenant à la commune, la contestation ne porte-t-elle pas toujours sur un droit communal? La distinction que fait M. Merlin est donc parfaitement inutile.

La jurisprudence de ces deux arrêts a paru contraire aux principes. « Pour savoir, dit M. Curasson (*Actions possessoires*, page 368), si les habitants *ut singuli* peuvent faire valoir le droit de la commune, il faut distinguer : s'agit-il d'intenter directement, *au nom de la commune*, la demande en revendication d'un terrain ou d'un droit communal quel qu'il soit, ou d'agir en complainte pour faire maintenir la commune dans sa possession, alors l'habitant est non recevable, parce qu'il agit, non dans son intérêt particulier, mais dans celui du corps moral dont il prend la place. Il ne pourrait agir ainsi, aux termes de l'article 49 de la loi du 18 juillet 1837, que sur le refus du conseil municipal et moyennant l'autorisation du conseil de préfecture, auquel cas le jugement a force de chose jugée pour ou contre la commune. »

Cette opinion est la reproduction de celle déjà émise par M. Curasson : juste lorsqu'il s'agit d'une action en revendication, elle nous paraît au moins douteuse, ainsi que nous l'avons déjà dit, en ce qui concerne l'action possessoire.

« Mais, poursuit le même auteur, si au contraire le particulier n'agit que dans son propre intérêt pour se faire maintenir dans la possession d'un droit privé, ou dans celle de la jouissance qui lui appartient comme habitant, et qu'il s'élève incidemment une contestation sur le point de savoir si l'objet du litige est une rue, un chemin, un pâtis communal, dans ce cas, l'intervention du maire est inutile ; quoique la propriété soit contestée, le particulier n'est pas moins recevable à agir ou défendre, parce que, s'agissant seulement de débattre son droit, il ne compromet en rien l'intérêt de la commune à laquelle le jugement est étranger. »

440. Nous avons maintenant à rapporter les monuments de la jurisprudence qui se sont prononcés en sens contraire des deux arrêts que nous avons indiqués.

Une instance au possessoire s'était engagée devant le juge de paix de Gençay, entre le sieur Pierre Poultier, d'une part, et les sieurs Jacques Roy et Louis Chambon, de l'autre, relativement à un terrain situé au milieu du village de la Genebrière, département de la Vienne. Les sieurs Roy et Chambon soutenaient que ce terrain était un chemin vicinal, ce qui, selon eux, plaçait la contestation dans les attributions de l'autorité administrative. Le juge de paix admit ce système, et se déclara incompétent.

Sur l'appel interjeté par Poultier, le tribunal de Civray ordonna, par un premier jugement, que les sieurs Roy et Chambon prouveraient, tant par titres que par témoins, que le terrain litigieux était un chemin public. L'enquête fut faite, et, par son jugement définitif, le tribunal confirma le jugement du juge de paix, se fondant sur ce qu'il résultait de la déposition des témoins et du plan cadastral que l'objet revendiqué était un chemin public, et sur ce que, les juges ordinaires ne pouvant connaître de la question de savoir si un chemin était vicinal, ils étaient également incompétents pour déterminer les limites d'un chemin et pour les rechercher.

L'annulation de ce jugement a été prononcée par les motifs suivants : « — Vu les articles 3 et 23 du Code de procédure civile ; —

Attendu que le jugement des actions possessoires appartient exclusivement aux juges de paix ; que l'action du demandeur était donc bien intentée ; que si, dans l'espèce et en l'état de la cause, le tribunal de paix était incompétent pour statuer sur l'exception proposée, il devait se borner à surseoir à tout jugement jusqu'à ce qu'il eût été prononcé sur la vicinalité du chemin litigieux par l'autorité administrative compétente, afin que, sur cette décision rapportée à l'audience, il fût statué ce que de droit ; qu'en se dessaisissant du fond et se déclarant incompétent sur le tout, le tribunal de Civray a méconnu les règles de sa compétence et expressément violé les dispositions des lois précitées : — Par ces motifs, la Cour casse, etc. » Cass., 31 juillet 1832.

441. Voici une autre espèce où il s'agissait du passage exercé sur un terrain que Thély prétendait lui appartenir : les défendeurs sur l'action possessoire soutenaient au contraire que c'était un chemin vicinal, et le juge de paix, après visite des lieux, ayant reconnu à ce terrain le caractère de voie publique, se déclara incompétent et sa sentence fut confirmée par jugement du tribunal de Bellac ; mais ce jugement, déféré à la censure de la Cour suprême, a été cassé par les motifs suivants :

« Attendu que la citation originaire avait pour objet le maintien de Thély dans la possession annale où il prétendait être du terrain litigieux, ce qui constituait une question possessoire ; — Que cette question était exclusivement de la compétence du juge de paix ; que la nature du terrain litigieux, qu'on soutenait être un chemin vicinal, ne pouvait rien changer à cette compétence, puisque, en aucun cas, l'administration ne peut connaître d'une question possessoire ; qu'en conséquence, en déclarant l'autorité judiciaire incompétente, le jugement attaqué a expressément violé les lois précitées, etc. » Cass., 4 décembre 1833.

442. Cependant un troisième arrêt consacre de la manière la plus explicite le principe que la contestation qui s'élève sur la propriété communale, ne forme aucun obstacle à l'admission de la complainte intentée par un particulier dans son propre intérêt. Voici quelle était la question :

Boucher était cité au possessoire pour avoir assis des constructions sur un terrain qu'il soutenait être public et former une espèce de rue ; le juge de paix admit la complainte des époux Labouverie demandeurs et ordonna le rétablissement des lieux ; appel devant le tribunal de Rocroi qui confirme ; pourvoi en cassation ; arrêt de la section civile qui rejette le pourvoi : « Attendu, porte son arrêt, que la commune de Givet n'était point en cause, et qu'il s'agissait uniquement d'un procès existant *entre particuliers, dans leur intérêt privé*, et dérivant d'une action possessoire ; — Attendu que le jugement attaqué ne préjudicie nullement aux droits de la commune et qu'elle pourra les faire valoir, s'il y a lieu, et quand elle le trouvera convenable, en se faisant autoriser à cet effet, etc. » Cass., 12 décembre 1836.

443. La contestation élevée incidemment sur la propriété de la commune, dans un procès suivi entre particuliers, ne saurait donc paralyser la puissance du juge du possessoire, qui doit maintenir le particulier dans sa jouissance, en qualité de propriétaire, ou en qualité d'habitant de la commune, s'il s'agit d'un terrain communal. Le juge de paix, compétent pour statuer sur l'action possessoire, est également compétent pour statuer sur toutes les exceptions qui peuvent se produire devant lui, lorsqu'elles ont pour objet de faire admettre ou de faire rejeter la demande en complainte.

444. L'action possessoire relative à la jouissance des droits communaux, pouvant être intentée par l'habitant qui est troublé par un tiers, il nous paraît également évident qu'il peut aussi en user lorsque le trouble est le fait de l'administration municipale.

445. La dépréciation qu'un immeuble éprouve à la suite de travaux ordonnés dans un intérêt public, n'est pas une charge individuelle que chaque habitant doive supporter sans indemnité ; d'où la conséquence que le propriétaire d'une maison a droit à une indemnité, lorsqu'il est reconnu que les travaux ordonnés par l'administration ont causé à sa maison un préjudice réel. Cass., 18 janv. 1826, 11 déc. 1827 et 30 avril 1838.

446. Cette doctrine est également adoptée par M. Curasson en ce qui concerne les aisances communales, et il enseigne qu'en cas de changement dans la disposition des lieux, les propriétaires de ces aisances peuvent se pourvoir en complainte, pourvu toutefois que

la suppression ou le changement n'ait pas été ordonné pour cause d'utilité publique, auquel cas l'action se résout en une indemnité que les tribunaux ordinaires ont seulement le droit de régler.

447. L'opinion de M. Curasson, en ce qui concerne le droit à l'indemnité, peut être admise ; mais comme il suppose seulement une entrave dans la jouissance des aisances et non une expropriation de ces aisances pour cause d'utilité publique, il nous paraît s'être trompé sur l'autorité à laquelle appartient le règlement de l'indemnité ; c'est ce qui résulterait du moins d'un arrêté du conseil d'État ainsi conçu :

« Vu la loi du 28 pluviôse an VIII, la loi du 16 septembre 1807 et celle du 8 mars 1810 ; — Considérant que le sieur Massip n'a été exproprié d'aucune portion de sa propriété, par suite des remblais opérés sur la route départementale de Montauban à Bruniquel, auquel cas il y aurait lieu d'appliquer la loi du 8 mars 1810, mais qu'il ne s'agissait que de simples dommages, et que dès lors c'est à l'autorité administrative qu'il appartient de les apprécier, conformément aux lois du 28 pluviôse an VIII et du 16 septembre 1807 :

« Art. 1er. L'arrêté du conseil de préfecture du département de Tarn-et-Garonne est annulé. — Art. 2. Le règlement de l'indemnité dont il s'agit est renvoyé au même conseil de préfecture. » Cons. d'État, 12 avril 1832.

448. En principe, le droit de l'habitant de se pourvoir en complainte, en cas de trouble, ne se rattache qu'aux aisances qui résultent de la nature même des choses. S'agit-il au contraire d'un objet appartenant au domaine public municipal, la possession ne peut être maintenue au profit des habitants *ut singuli*, mais bien *ut universi*, c'est-à-dire qu'autant que cette possession est conforme à la destination publique ; un usage contraire ne serait que de tolérance et ne pourrait par conséquent autoriser l'action possessoire.

449. La délivrance des affouages et l'exercice du pâturage sur les communaux, font souvent naître des difficultés : pour les résoudre, il faut faire une distinction. S'agit-il d'apporter des modifications au mode de jouissance d'un bien communal, ou de régler entre tous les habitants la répartition de l'affouage et du pâturage ? Alors, on

le sent, c'est une mesure qui tient au régime des biens communaux, et on conçoit que ceux des habitants qui se prétendraient lésés par le changement se prévaudraient en vain de la possession qu'ils auraient eue en vertu de l'ancien règlement, puisque, s'agissant de statuer, non sur des intérêts individuels, mais sur ceux de l'être moral appelé commune, la question rentre évidemment dans le contentieux administratif, et c'est devant l'autorité supérieure que le recours doit être porté ; la complainte, dans ce cas, serait donc inadmissible. L. 18 juillet 1837, art. 17 et 18.

450. Mais, s'il ne s'agit point d'une réclamation sur le mode de jouissance d'un bien communal, ou sur le mode de répartition des affouages, s'il existe au contraire un débat élevé entre la commune et un habitant auquel on refuserait sa part dans l'affouage ou dans d'autres produits communaux, alors le litige présente une question de jouissance individuelle qui donne ouverture à l'action possessoire en faveur de l'habitant auquel on contesterait son droit.

451. Nous avons déjà dit qu'en cas de distraction d'une section de commune pour la réunir à une autre, ou de réunion de deux communes, chacune d'elles doit conserver les biens communaux qui lui sont propres ; il s'ensuit que l'action possessoire appartient à la section qui serait troublée dans sa jouissance par l'autre section à laquelle elle serait réunie.

452. Longtemps on a pensé que la réunion suffisait pour rendre les habitants d'un hameau, d'une maison isolée, habiles à prendre part dans les droits de pâturage et d'affouage du village auquel l'adjonction avait été faite, et plusieurs actes administratifs l'avaient même décidé en ce sens, relativement aux acquéreurs des bâtiments des anciens monastères supprimés et réunis aux communes voisines ; mais comme l'incompétence des corps administratifs à cet égard est aujourd'hui hors de doute, les conseils municipaux ont quelquefois profité de cette circonstance pour refuser à ces nouveaux habitants la continuation d'une jouissance qui remontait déjà à plusieurs années. Que doit faire, dans cette hypothèse, le juge de paix saisi d'une action possessoire de la part de l'habitant ainsi troublé dans sa possession ? Il nous semble que ce magistrat n'a point à examiner si la prétention du conseil municipal est fon-

dée, et qu'il doit maintenir le demandeur en complainte dans sa possession, dès lors qu'il est prouvé que depuis plus d'un an il se trouvait porté sur le rôle d'affouage ; cette possession nous paraît suffisamment colorée, et ce serait à la commune à se pourvoir au pétitoire pour faire statuer sur le fond du droit.

453. Cette décision doit également s'appliquer à l'habitant auquel on refuserait son admission au rôle d'affouage pour l'année courante, lorsqu'il y aurait été inscrit dans les années précédentes, si du reste il ne s'est opéré dans sa position aucun changement qui lui ait fait perdre son droit ; car on conçoit que le conseil municipal, en refusant d'admettre au rôle d'affouage un individu qui s'y trouvait porté dans les années précédentes, qui n'a changé ni de qualité, ni de demeure, apporte à la possession de cet individu un trouble de droit qui, d'après les principes généraux que nous avons établis, lui donne le droit d'intenter dans l'année de ce trouble l'action en complainte possessoire.

En vain objecterait-on, dans ces deux cas, que, le droit d'usage étant une servitude discontinue qui ne peut s'acquérir que par titre, le trouble dans son exercice ne peut donner lieu à l'action possessoire. On répondrait que, par la nature des choses, la jouissance des biens communaux n'a point lieu à titre de servitude, du moins dans l'acception ordinaire du mot, qu'elle confère au contraire une possession à titre de *communiste*, et que le droit résultant de cette qualité peut s'acquérir au moyen de la prescription, par les habitants des hameaux et des maisons isolées réunies à une autre commune.

454. Mais en supposant que les usages communaux doivent être rangés dans la classe des servitudes, l'article 706 du Code Napoléon qui porte que la servitude est éteinte par le non-usage pendant trente ans, leur sera-t-il applicable ? On doit considérer la jouissance commune des habitants comme une faculté dont ils peuvent user ou ne pas user ; or, comme les facultés sont imprescriptibles, on ne pourrait se prévaloir de la négligence d'un habitant pour prétendre que son droit est prescrit, ou pour en faire le fondement d'une action possessoire contre lui, dans le cas où il voudrait reprendre la jouis-

sance de son usage communal. Troplong, t. Ier, nos 112 et suiv. Cass., 24 juillet 1839.

455. L'habitant d'une commune peut-il prescrire la propriété d'un communal dont il a la jouissance ?

L'article 2236 du Code Napoléon semble s'y opposer d'une manière absolue. Cependant M. Curasson, en vertu du principe qu'il a posé : qu'un usage communal est moins une servitude que la jouissance d'une chose commune, admet la prescription en faveur de l'habitant, pourvu toutefois qu'il s'agisse de terrains communaux autres que ceux qui font partie du domaine public, et il en conclut que rien n'empêche l'habitant d'intenter complainte contre la commune à raison du communal qu'il aurait cultivé depuis plus d'un an, bien que primitivement il n'aurait exercé sur le terrain ainsi cultivé qu'un droit d'usage.

Cette opinion est peut-être probable, malgré la maxime : *Ad primordium tituli posterior semper refertur eventus ;* car l'habitant a, en lui-même, le germe de la propriété comme membre de la communauté. Il pourrait donc se prévaloir de la prescription contre la commune, quand cette faculté lui serait refusée, si son droit d'usage était assis sur un terrain appartenant à un particulier.

456. L'habitant pourrait-il également prescrire la propriété d'un fonds appartenant à un tiers, d'un bois, par exemple, affecté à des droits d'usage envers les habitants de la commune ?

On peut soutenir pour la négative, dit M. Curasson, qu'il n'y a pas identité entre ce cas et celui qui fait l'objet de la question précédente ; que l'habitant qui jouit d'un droit d'usage constitué au profit de la commune possède comme usager ; qu'ainsi, d'après les articles 2236 et suivants du Code Napoléon, il ne peut prescrire la propriété.

457. Cependant M. Curasson se prononce pour l'affirmative, par les motifs suivants que nous adoptons : L'usage étant affecté au territoire communal, la commune est réellement usagère et non les habitants, qui ne profitent de l'usage que passagèrement et à raison de leur habitation. Aussi n'est-ce point aux habitants *ut singuli*, mais au maire, que la délivrance doit être faite par le propriétaire, comme le prescrit, pour les forêts, l'article 122 de l'ordonnance

réglementaire. Que la commune, considérée *ut universitas*, ne puisse prescrire la propriété, rien de plus certain ; mais pourquoi la prescription ne courrait-elle pas au profit d'un ou plusieurs habitants dont la possession personnelle n'a rien de commun avec l'exercice de l'usage ? Ces particuliers pourraient donc être admis à se pourvoir en complainte, en cas de trouble, s'ils avaient la possession annale, sans qu'on pût leur opposer la maxime : *Melius est non habere titulum quam habere vitiosum ;* car ce ne sont pas eux, c'est la commune usagère qui serait censée ne posséder qu'à titre précaire. Seulement il faudrait que l'habitant articulât des faits de possession personnels et totalement étrangers à l'exercice du droit d'usage accordé à la commune, autrement la preuve devrait être rejetée. Curasson, *Act. poss.*, p. 379. Cass., 16 janvier 1838.

« Attendu, porte cet arrêt, qu'une communauté d'habitants, déclarée usagère, ne peut alléguer utilement des faits de possession sur le fonds asservi, pour en acquérir la propriété par la prescription, si elle ne soutient et n'établit préalablement qu'il y a eu interversion ou contradiction de son titre primitif ;

« Attendu qu'en thèse générale, il implique contradiction d'admettre les habitants d'une commune à exciper, *ut singuli*, qu'ils ont acquis par la prescription la propriété d'un fonds, après qu'il a été reconnu et déclaré qu'ils n'ont sur ce même fonds qu'un droit d'usage *ut universi ;* — Que néanmoins ces habitants peuvent être fondés à invoquer des faits de possession personnels à chacun d'eux, si ces faits sont totalement étrangers à l'exercice du droit d'usage qui aurait été attribué au corps d'habitants sur le fonds litigieux ;

« Mais que, dans ce dernier cas, ces habitants ne peuvent être admis à faire la preuve, tant par titres que par témoins, de ces faits de possession, que dans le cas où la possession qu'ils allégueraient serait complétement dégagée de toute connexion avec l'exercice du droit d'usage exclusif de leur possession à tout autre titre que celui d'usagers.

« Attendu que, dans l'espèce, la cour de Nîmes a admis le maire de Lenaru, au nom des deux sections reconnues usagères, à prouver, tant par titres que par témoins, la possession alléguée, quoiqu'il n'eût précisé aucun fait ou acte établissant que le titre originaire de leur possession s'est trouvé interverti, soit par une cause venant d'un tiers, soit par la contradiction opposée au droit du propriétaire; — Qu'après avoir écarté, à l'égard des habitants considérés individuellement, le titre de 1283, ladite cour les a cependant admis à la même preuve de possession, quoiqu'ils ne précisassent aucun fait qui de sa nature pût être considéré comme tout à fait indépendant de l'exercice du droit d'usage qu'ils avaient d'abord réclamé; — Et qu'en ce faisant ladite cour a violé les principes de la matière, etc. »

458. La Cour suprême a décidé avec raison qu'une communauté d'habitants reconnue usagère ne peut prescrire, à moins qu'elle n'établisse préalablement la preuve de l'interversion de son titre primitif; mais, quant aux habitants, pris *ut singuli*, si elle reconnaît en principe qu'ils peuvent être fondés à invoquer des faits de possession personnels à chacun d'eux, lorsqu'ils sont totalement étrangers à l'exercice du droit d'usage qui aurait été attribué au corps d'habitants sur le fonds litigieux, elle ne manque pas d'ajouter que ces faits de possession ne peuvent être prouvés que dans le cas où la possession que ces habitants allégueraient, serait complétement dégagée de toute connexion avec l'exercice du droit d'usage, exclusif de toute possession à tout autre titre que celui d'usagers.

458 *bis*. *Mines et minières*. — Les mines forment une propriété complétement indépendante de la propriété superficielle. La législation, à cet égard, n'accorde aux propriétaires des terrains où elles existent qu'une propriété en quelque sorte nominale : elles ne peuvent, en effet, être exploitées qu'en vertu d'une concession délibérée en conseil d'État. L. 21 avril 1810, art. 5.

La propriété des mines, à raison de sa nature, n'est donc à personne, et il appartient au gouvernement seul d'en disposer au profit de ceux qui présentent les plus sûres garanties d'une bonne exploitation. A défaut d'une concession dont il puisse se prévaloir, celui qui pratiquerait des fouilles ou procéderait à l'exploitation d'une mine, ne pourrait invoquer sa possession annale; le propriétaire du fonds ayant en sa faveur le principe général posé dans l'art. 552 du Code Napoléon: que la propriété du sol emporte la propriété du dessus et du dessous, il lui suffit, pour se faire reconnaître possesseur, lorsque aucune concession n'a modifié ce principe, de justifier de la possession du sol lui-même. Bourbeau, *De la justice de paix*, n° 369.

Mais celui qui a obtenu la concession d'une mine peut se pourvoir en complainte possessoire, en cas de trouble, soit de la part des tiers, soit de la part du propriétaire de la surface, parce qu'alors sa possession est fondée sur un titre caractérisant sa possession.

Aussi, tant que la mine n'a pas été régulièrement concédée, elle se trouve placée hors du commerce ; elle est indisponible dans les mains des propriétaires de la surface et reste à la disposition du gouvernement. Par suite, elle ne peut être l'objet d'une vente séparée du fonds, pas plus que de toute autre convention.

Disons donc que la mine, n'étant pas dans le commerce, ne peut faire l'objet de l'action possessoire ou de la prescription des particuliers; qu'il faut dire, avec le décret du 31 janvier 1806, rapporté par Curasson, que tant que la concession n'est pas prouvée, le juge de paix, en maintenant l'exploitant dans la possession de la mine, excéderait ses pouvoirs et créerait en fait une concession qui ne peut être accordée que par l'autorité administrative ; que ce juge doit déclarer l'action possessoire non recevable comme ayant pour objet une chose hors du commerce ; qu'il faut dire avec Proudhon que cette matière rentre dans celle du droit public, contre lequel on ne peut posséder ni prescrire.

Si donc les particuliers ne possèdent pas les mines proprement dites avant leur concession, il n'en est pas de même de l'État. Les mines sont la possession de l'État, et à ce titre il a droit à intenter les actions possessoires. Les mines sont mises hors du commerce au profit du domaine public et nullement à son détriment ; c'est ainsi que doit s'entendre l'art. 5 de la loi du 21 avril 1810. Le *domaine public* surnage dans la législation au-dessus des droits de tout propriétaire particulier. C'est lui qui domine par la force de la loi et de la nature même des choses. C'est tellement lui qui est propriétaire et qui possède, qu'il a le droit exclusif de concession, de conférer la propriété privée de la mine à des particuliers, que c'est à lui que revient de droit la mine en cas de déchéance ou d'abandon du concessionnaire. Proudhon, *Prop.*, n° 790.

CHAPITRE XI.

De la complainte pour meubles; immeubles par destination; bestiaux vendus en foire; droits dans les fruits d'un immeuble; banalités; droits de four de moulin, de pressoir, etc.

459. Malgré le silence gardé par le Code de procédure, il est certain que les meubles ne peuvent être l'objet de la complainte. Tous les anciens droits qui existaient dans la législation coutumière à l'état d'immeubles ou de droits réels, ont été abolis ou ne sont plus considérés que comme des droits personnels et mobiliers. C. Nap., 529 et 520.

460. Ainsi ne peuvent plus aujourd'hui faire l'objet d'une action possessoire les droits de dîme, de champart, de légitimité, de fief, de censive, de rente constituée ou foncière, d'office, de justice, de patronage, de chasse et pêche, de banalité, etc. Toutes ces choses, dont un bon nombre étaient admises par Pothier comme immeubles ou droits réels susceptibles de possession, sont ou abolies, ou mobilisées et personnalisées. Pothier, *Possess.*, n° 38; Garnier, *Possess.*, ch. III.

461. Henrion de Pansey, se laissant guider par l'ancienne doctrine et jurisprudence, veut maintenir l'ancien caractère immobilier de certains de ces droits sous l'empire de notre nouvelle législation, notamment pour les droits de rente foncière et de champart, les droits de banalité, de péage sur un pont, bac ou chemin (*Comp.*, ch. XLIII) ; mais cette théorie est insoutenable en présence des art. 529 et 530 du Code Napoléon qui déclarent ces droits personnels et mobiliers.

462. En matière de rentes, elle est condamnée par la doctrine et la jurisprudence, qui font application de ces deux dispositions. Curasson, *Compét.*, t. II, p. 179 et suiv.; Dalloz, *Action poss.*, n°s 501 et suiv.

En matière de *champart* ou de *complant*, elle est également condamnée par la doctrine et la jurisprudence. La redevance due en nature est assimilée à la rente foncière quand le créancier du droit a réellement aliéné la propriété sur la tête du débiteur; elle est assimilée, au contraire, à un fermage ordinaire, quand le créancier a conservé le droit de propriété. C'est ainsi que la Cour de cassation a décidé qu'une redevance, par exemple, un droit de complant, bien que créé pour transmission de propriété sous l'ancienne législation, qui la réputait immeuble, est devenue rachetable et mobilière par la détermination de la loi; que dès lors, le refus d'en continuer la prestation ne peut donner lieu à l'exercice de l'action possessoire. Cass., 9 août 1831 et 11 fév. 1833.

462 *bis*. Les droits de banalité sont évidemment aussi des droits personnels et mobiliers, par exemple le droit de se servir d'un four, d'un moulin, d'un pressoir, etc. La Cour de cassation a admis néanmoins la complainte, à propos du droit de se servir d'un pressoir quand il y a titre. Cass., 6 juillet 1812.

463. Nous contestons le bien jugé de cet arrêt; mais avant d'établir notre discussion sur ce point important, qui embrasse et comprend tout ce qui concerne en principe l'action possessoire en matière de droits de dîme, de champart, de légitimité, de fief, de censive, de rente constituée ou foncière, d'office, de justice, de patronage, de chasse et de pêche, de banalité, etc., avant, disons-nous, d'établir notre discussion, nous croyons utile, indispensable même, de faire connaître le texte et les faits qui ont donné lieu à l'arrêt de la Cour de cassation du 6 juillet 1812.

En fait, les frères et sœurs Herblin prétendaient avoir, en vertu d'un contrat de vente fait à leurs auteurs en 1596, le droit de pressurer ou faire pressurer à un pressoir appelé le Beauplan, appartenant au sieur Hue; ils prétendaient même avoir toujours fait usage de ce droit, et le sieur Hue ayant refusé de le souffrir, ils lui firent signifier copie de ce contrat de vente, avec assignation devant le juge de paix du canton de Honfleur, pour voir dire qu'ils seraient maintenus dans la possession où ils articulaient être d'user de ce droit, avec 50 francs de dommages et intérêts pour raison du trouble qu'ils avaient éprouvé.

Le sieur Hue déclina d'abord la juridiction du juge de paix; mais il fut débouté de son déclinatoire par jugement du 3 février 1810; et, par un autre définitif, les demandeurs furent maintenus dans leur possession, le sieur Hue condamné à la souffrir, en 10 francs de dommages et intérêts, et aux dépens.

Celui-ci a interjeté appel. Les frères Herblin l'ont soutenu non recevable, attendu que le jugement attaqué était en dernier ressort. Mais le 20 juin 1810, le tribunal de première instance de Pont-l'Evêque, sans s'arrêter à la fin de non-recevoir, a dit qu'il avait été nullement et incomplétement jugé par le juge de paix de Honfleur. — « Attendu qu'aux termes de l'art. 691, C. civ., les servitudes discontinues et non apparentes ne peuvent s'acquérir que par titre; qu'en conséquence l'action possessoire ne peut avoir lieu pour ces sortes de servitudes, et que telle est la jurisprudence de la Cour de cassation. »

Pourvoi de la part des frères et demoiselles Herblin. Ils présentent deux moyens : 1° excès de pouvoir, parce que le jugement du tribunal de paix, d'après la nature des condamnations, était en dernier ressort; 2° fausse application de l'art. 691, C. civ., parce que, dans l'espèce, il y avait titre constitutif de la servitude; que dès lors il y avait lieu à l'action pétitoire, et par une conséquence ultérieure à celle possessoire. Si, d'après l'article cité, il ne peut y avoir lieu à l'action possessoire, c'est que la possession, quelque ancienne qu'elle puisse être, est toujours considérée comme une simple souffrance incapable d'attribuer le droit. Mais, quand celui-ci est établi par un titre, alors la possession qui en est l'exercice peut servir de base à la complainte.

Le défendeur a répondu au premier moyen que l'appel était recevable, parce qu'il y avait exception d'incompétence; et au second, qu'il n'aurait quelque importance que dans le cas où le titre serait reconnu et avoué; mais que ce titre étant contesté, le juge de paix n'avait pas pu en apprécier le mérite sans sortir des bornes de ses attributions et sans empiéter sur le pétitoire.

Et le 6 juillet 1812, arr. Cour cass., sect. civ., ainsi conçu :

« La Cour : — Vu les art. 10, tit. III, l. 24 août 1790 *sur l'Organisation judiciaire*; 691, C. civ., et 454, C. procéd. civ.; — Considérant, d'un côté, que, suivant l'article précité de la loi du 24 août 1790, les juges de paix connaissent sans appel jusqu'à la valeur de 50 francs de toutes actions possessoires ; — Considérant, d'un autre côté, que si, par l'effet du principe établi dans l'art. 691, C. civ., la possession annale d'une servitude discontinue ne peut donner le droit de former l'action possessoire, c'est parce que la possession dans cette matière, ne pouvant jamais conférer aucun droit à la propriété de la chose réclamée, est toujours censée précaire, et qu'elle manque par conséquent du caractère exigé par la loi; mais qu'il n'en est pas de même lorsque cette possession est accompagnée de titre ; qu'alors elle ne peut plus être l'effet d'une simple tolérance, ni être regardée comme précaire ; — Considérant que si le juge de paix, chargé uniquement de statuer sur la possession, ne peut pas juger définitivement sur la validité du titre, il peut néanmoins en ordonner provisoirement l'exécution sous le rapport de la possession, s'en servir pour juger du caractère de la possession, et accorder la jouissance provisoire à celui qui a une possession annale accompagnée d'un titre, sous la réserve du droit des parties au fond ; — Considérant que cet effet du titre ne peut être détruit par la seule contestation sur sa validité, et qu'il appartient au juge de paix de juger le mérite de cette contestation, quant au fait de la possession ; — Considérant que dans l'espèce, la possession dont les frères et sœurs Herblin excipaient etait accompagnée d'un titre ; que le juge de paix l'a envisagé comme un titre apparent ; qu'il a donc pu regarder la possession comme n'étant pas précaire, ni l'effet d'une simple tolérance ; que, par conséquent, il y a eu lieu à l'action possessoire, et que le juge de paix a été compétent ; — Considérant enfin que les frères et sœurs Herblin n'ayant conclu qu'en 50 francs de dommages et intérêts, le jugement du juge de paix a été rendu en dernier ressort ; d'où il suit que le tribunal de première instance séant à Pont-l'Évêque, en annulant, par son jugement du 20 juin 1810, celui du juge de paix du canton de Honfleur, du 3 février précédent, sous le prétexte que la possession accompagnée d'un titre ne pouvait fonder l'action possessoire, ni la compétence du juge de paix, a violé l'art. 10, tit. III, l. 24 août 1790, et faussement appliqué les art. 691, C. civ., et 454, C. procéd. civ.: — Casse et annule le jugement du tribunal de première instance de Pont-l'Évêque rendu entre les parties le 20 juin 1810, ainsi que tout ce qui l'a suivi ou pourrait suivre, etc. »

464. La doctrine combat avec raison la tendance de cet arrêt ; elle établit péremptoirement qu'il s'agit seulement d'une rétribution de nature mobilière, d'un simple droit personnel et mobilier; qu'il ne s'agit nullement de servitudes réelles, *car il n'existe pas de fonds dominant.*

465. Curasson enseigne la même doctrine dans son *Traité de Compétence*, t. II, p. 179, et il s'exprime ensuite ainsi : « A l'égard des banalités des droits de péage, de celui d'exiger tels ou tels services éventuels, tels que les réparations à faire à des maisons, moulins et autres usines, d'en réparer les écluses, d'en curer le biez, d'entretenir les fossés, etc., objets pour lesquels le président Henrion veut aussi que la complainte puisse être admise, c'est encore une erreur. Le défaut d'accomplissement de l'obligation qui résulte des droits ou service dont il s'agit se réduit en dommages-intérêts, ou en une prestation pécuniaire qui ne présente rien d'immobilier, et ne peut par conséquent donner lieu à la complainte, soit en cas de refus, soit afin d'être maintenu dans la possession de l'affranchissement du droit.

466. De même, en ce qui concerne les *droits de péage* sur un pont, bac ou chemin concédé, l'objet du droit ou de l'action ne peut être que mobilier ou personnel. Curasson, *ibid.*; Dalloz, *Act. poss.*, n°s 504, 505 et 312.

467. Les auteurs sont très-embarrassés pour donner un nom juridique à la concession de ces droits de bac ou de péage, et en déterminer la nature. Ils représentent, il est vrai, le droit de concession comme un droit réel tenant de la propriété ou de l'usage. Et en cela ils se rapprochent de l'opinion d'Henrion de Pansey, qui le qualifie, à tort assurément, de droit réel susceptible de la possession juridique.

Mais M. Dalloz a longuement réfuté ce système; il a établi que jamais le droit de péage n'était un droit réel; il appelle tantôt ce droit un droit *personnel sui generis*, tantôt un simple *louage administratif*. RÉPERT., v^{is} *Concession administ.*, n° 108, et v^{is} *Louage adm.*, n° 21.

468. Quel que soit le nom que l'on puisse donner à la nature de ces droits de péage, il n'en est pas moins vrai que le droit du con-

cessionnaire consiste uniquement dans le droit de percevoir le péage ; que ce droit n'offre rien que de personnel et de mobilier, et qu'en conséquence l'action possessoire ne peut s'y appliquer, peu importe que la route soit ou non dans le commerce, que la rivière soit navigable ou non. Dalloz, v^is^ *Act. poss.*, n° 312.

469. Quant à la nature réelle du droit, nous pensons qu'il y a lieu de distinguer entre la voirie qui appartient au domaine public et celle qui reste dans le domaine privé des particuliers ou dans le domaine patrimonial de l'État, de la province, de la commune, des établissements publics.

S'agit-il de rivières navigables, de voirie publique, s'agit-il de domaine public, le droit est ce qu'on appelle en droit administratif une véritable *concession* basée sur l'intérêt général, et qu'il faut distinguer des contrats du droit civil ordinaire. C'est dans ce cas l'*autorité publique* qui concède à titre de puissance le péage sur la rivière ou sur le chemin ; elle n'aliène pas de droit réel dérivé du droit de propriété ; elle crée, comme pouvoir, au profit du concessionnaire, un impôt qu'elle peut toujours révoquer. Les bacs et les bateaux ne peuvent être que la propriété de l'État ou de la nation, comme seul maître du domaine public. L. 6 frim. an VII.

CHAPITRE XII.

De la compétence en matière d'action possessoire; examen des titres; cumul du possessoire et du pétitoire.

470. La connaissance de toutes les actions possessoires est exclusivement attribuée aux juges de paix, *à charge d'appel*, par l'art. 6 de la loi du 25 mai 1838 qui, comme nous l'avons déjà dit, n'a fait que reproduire la disposition de l'art. 10, tit. III de la loi du 24 août 1790. Rennes, 25 mars 1820.

471. Ainsi une action qualifiée possessoire est toujours de la compétence du juge de paix, quel que soit le caractère de la possession attribuée au demandeur. Cass., 6 déc. 1853.

472, 473. Par suite, l'action par laquelle un fermier demande à être maintenu en possession et jouissance des immeubles loués, en se fondant sur la possession d'an et jour de celui qui les lui a donnés à bail, est possessoire, et, dès lors, de la compétence du juge de paix. Cass., 2 fév. 1849.

474. Les actions possessoires intentées contre les communes sont, comme celles qui sont dirigées contre les particuliers, de la compétence des juges de paix. Cass., 19 janvier 1831.

Cette compétence, résultant de la nature même de la complainte, est indépendante de l'autorisation donnée ou refusée par l'administration pour l'établissement du travail préjudiciel, objet du trouble, qui donne lieu à la complainte. Cass., 14 août 1833.

475. Mais le juge de paix doit se déclarer incompétent pour statuer sur la contestation, dans le cas où, le maire d'une commune défendant à une action possessoire introduite par un particulier, ce magistrat articule que le terrain, objet du litige, fait partie d'un chemin régulièrement classé et compris au tableau des chemins de la commune, dressé en exécution de la loi du 9 vent. an XIII, et approuvé par le préfet. Cons. d'État, 14 sept. 1852.

476. Le juge de paix est compétent pour statuer au possessoire sur une contestation relative à la jouissance d'eaux provenant de sources, alors même que ces eaux sont employées à des besoins autres que ceux de l'irrigation des propriétés ou du mouvement des usines et moulins; l'art. 6, n° 1er, de la loi du 25 mai 1838, qui restreint à ces deux derniers cas la compétence du juge de paix en ce qui concerne les entreprises commises dans l'année sur les cours d'eau, n'est applicable qu'aux eaux courantes, et non aux eaux privées provenant de sources. Cass., 22 août 1859.

477. La maintenue en possession des eaux d'une source, à titre de servitude, peut être prononcée par le juge du possessoire, alors qu'il constate que cette servitude repose, soit sur des titres, soit sur la destination du père de famille. *Ibid.*

478. *Examen des titres; cumul du possessoire avec le pétitoire.* — « Le possessoire avec le pétitoire ne seront jamais cumulés. » C. proc., 25. Cette règle ne signifie pas seulement que le juge du possessoire est incompétent pour statuer au pétitoire, elle veut dire encore qu'une décision au possessoire ne peut reposer sur des moyens tirés du fond. Si le juge a la faculté d'examiner les titres, il est certain qu'il ne peut le faire que pour apprécier, pour éclairer la possession. D'où il suit que si la possession manque, ou si elle est incomplète, le juge ne saurait y suppléer, ni la compléter en s'appuyant sur les titres.

479. De là encore découle la conséquence formulée en l'art. 24 du Code de procédure, consistant dans la prohibition faite au juge du possessoire de prononcer des jugements définitifs ou interlocutoires, et d'ordonner des enquêtes pouvant porter sur le fond du droit.

480. En matière possessoire, la production, la contestation ou l'exception d'un titre constitue-t-elle une infraction à l'art. 25 du Code de procédure? Implique-t-elle cumul du possessoire et du pétitoire, incompétence matérielle des tribunaux de paix? Que doit faire, en pareille occurrence, le juge de paix saisi de l'action possessoire?

En posant ces questions, M. Modon les examine avec une appréciation remarquable, et les résout conformément à la doctrine à laquelle nous nous rattachons complétement.

C'est là, dit-il avec raison, une des questions les plus pratiques ; c'est en même temps une des plus controversées et des plus ardues. Plusieurs systèmes sont en présence.

Les uns, c'est le *premier système*, admettent l'incompétence *ratione materiæ* du juge de paix pour le tout; ce juge doit, disent-ils, se déclarer incompétent et renvoyer le litige, sans aucun examen, devant les juges ordinaires. Curasson, *Compét.*, t. II, sect. n° 28.

Le *second système* consiste à surseoir à l'action possessoire jusqu'après décision des juges du pétitoire sur le point préjudiciel à vider.

Le *troisième système* permet au juge de paix d'examiner le titre invoqué pour en tirer seulement les conséquences opportunes sur le caractère et les conditions de la possession, sans toutefois disposer au pétitoire. Vazielle, *Prescrip.*, n°s 709 et 416, *in fine*; Merlin, *Quest. de droit*, v^is^ *Servitudes*, § 6, et *Complainte*, § 2; Chauveau, *Proc. quest.*, 101, 103; Dalloz, v^is^ *Act. poss.*, n°s 760 et suiv.

Le *quatrième système* présente un moyen terme entre les deux derniers, se confondant presque entièrement avec le deuxième système. Il permet au juge de paix d'apprécier le titre, en tant que la contestation à son égard ne lui paraît pas sérieuse; dans le cas contraire, le juge doit surseoir à l'action possessoire jusqu'après décision de la question par les juges compétents. Bélime, *Possess.*, n° 450.

481. Les deux premiers systèmes proviennent d'une assimilation faite avec ce qui se passe dans les circonstances spéciales où nos lois sur la compétence subordonnent la compétence des juges de paix à la non-contestation des droits de propriété ou de servitude. Dans ces cas, en effet, il existe une vive controverse sur le point de savoir s'il y a lieu à un simple sursis ou à un renvoi définitif et absolu de l'action aux juges compétents *ratione materiæ*.

482. Curasson, *Compét.*, t. Ier, p. 450, et t. II, p. 455, 483 et 506 ; Rodière, *Comp.*, t. Ier, p. 61, adoptent cette dernière opinion ;

mais la Cour de cassation adopte le système du sursis. Cass., 3 janv. 1840, 22 juin 1842 et 26 déc. 1843.

483. Quant à nous, nous nous rangeons, selon nos habitudes, du côté de la doctrine qui a pour elle le texte de la loi, qui enlève aux juges de paix la connaissance des actions possessoires, dès qu'il y a contestation sur le droit de propriété ou de servitude. L'objet de ces actions devient alors l'accessoire naturel de la solution à donner par les tribunaux compétents sur ces derniers droits; c'est donc aux juges ordinaires qu'il appartient en principe de statuer tant sur le principal que sur l'accessoire de la contestation.

Sans doute il est permis quelquefois aux tribunaux exceptionnels de retenir le fond, de surseoir à l'action en renvoyant aux juges ordinaires l'examen préalable de la question soulevée; mais alors le législateur l'a déclaré de la manière la plus expresse. C. proc., 426 et 427; C. forest., 182.

484. Mais lorsqu'il s'agit d'actions possessoires, la position est toute différente; il ne peut plus être question de sursis ni de renvoi. La loi ne dessaisit pas le juge, comme elle le dessaisit dans les matières spéciales et pétitoires auxquelles nous venons de faire allusion; elle se borne à défendre le cumul du pétitoire et du possessoire, et, d'un autre côté, à ordonner de vider le possessoire avant le pétitoire.

Les allégations du demandeur ou les exceptions du défendeur ne peuvent avoir pour effet d'enlever au juge du possessoire sa compétence naturelle sur la solution du procès dont il est légalement saisi; le juge de paix doit rester compétent dans sa sphère possessoire.

485. Sans doute, d'après ces principes, si les parties font surgir des questions de propriété, le juge de paix doit prudemment s'abstenir d'en connaître, sous peine de violer l'art. 25 du C. de proc.; mais autres choses sont les questions de propriété, autres choses sont les simples productions du titre. Si, en effet, sous prétexte d'éviter le cumul, le juge de paix se déclarait incompétent ou déclarait surseoir jusqu'après décision au pétitoire, il tomberait dans un écueil : le pétitoire, contrairement au vœu de la loi, se trouverait jugé avant le possessoire, et il serait superflu et impossible, après

la décision du pétitoire, de revenir ensuite plaider devant le juge du possessoire. Dalloz, v[is] *Act. possess.*, n° 767.

486. Ainsi, il a été jugé, avec raison, que lorsque le demandeur, en matière d'action possessoire, excipe de moyens tirés du pétitoire et étrangers à la possession, le juge de paix n'en doit pas moins rester saisi de l'action possessoire, sur laquelle il doit statuer en s'abstenant de connaître du pétitoire. Cass., 23 fév. 1814.

487. Décidé de même encore que le juge de paix ne cesse pas d'être compétent pour statuer sur une demande en complainte, lorsque celui qui a commis le trouble ne le nie pas, mais conteste seulement le fond du droit réclamé. Plus généralement, que le défendeur au possessoire ne peut opposer ses prétentions sur le pétitoire. Cass., 16 juin 1816.

« Considérant, porte ce dernier arrêt, qu'il est démontré et reconnu par le tribunal même de Châteauroux que l'action du demandeur était une action possessoire portée devant le juge de paix; que les défendeurs ont reconnu la possession du demandeur, et n'ont pas même dénié le trouble qui leur était imputé ; d'où il résulte évidemment que le juge de paix a complétement fait droit sur l'action possessoire ; que le système du tribunal de Châteauroux conduirait directement à rendre nul l'avantage de la possession et à neutraliser les actions possessoires : en effet, pour écarter celles-ci, il suffirait d'alléguer qu'on est fondé en titre à exercer l'acte duquel est résulté le trouble de la possession ; que cependant on ne peut méconnaître que cette allégation est étrangère et à la possession et au trouble ; qu'elle n'annonce qu'un moyen au pétitoire, et que si le juge de paix y déférait, il en résulterait le cumul du pétitoire avec le possessoire... » V. ci-dessus 286 et suiv.

488. Il importe enfin de faire remarquer, d'après ces principes, que pour dénier au juge du possessoire l'appréciation des titres, on invoque par analogie notamment les §§ 1, 2 et 3 de l'art. 6 de la loi du 25 mai 1838, qui, en donnant attribution aux juges de paix sur les matières qu'ils édictent, limitent cependant leur compétence aux cas dans lesquels les titres ou les droits de propriété et de servitude ne sont pas contestés ; d'où ils infèrent que, dès qu'il s'élève une contestation sur la validité d'un titre devant le juge du posses-

soire, celui-ci ne peut statuer sans cumuler le possessoire avec le pétitoire; mais cette induction, ainsi que nous l'avons fait pressentir, est d'autant moins exacte que l'art. 6 de la loi de 1838, qui attribue en termes absolus aux juges de paix la connaissance de toutes les actions possessoires, *n'apporte aucune restriction à la compétence* que leur attribuait déjà la loi du 24 août 1790, et qui ne leur interdit nullement l'examen des titres, même lorsqu'ils sont contestés, alors d'ailleurs que le jugement intervenu ne se rapporte qu'à la question de possession. Cass., 28 juillet 1856.

489. Décidé, par suite, qu'il appartient au juge du possessoire de reconnaître et d'apprécier si la possession invoquée à l'appui d'une demande en complainte possessoire réunit les conditions déterminées par la loi, et si, dès lors, elle a été paisible, non équivoque et exercée à titre de propriétaire. Et ce juge peut très-bien, sans encourir le reproche de cumuler le possessoire et le pétitoire, s'aider des titres produits pour en tirer des inductions exclusivement relatives au caractère des faits possessoires servant de fondement à l'action en complainte. Cass., 11 février 1857.

490. « Quoique, en général, disent MM. Dalloz (*Act. poss.* n° 668), le juge du possessoire ne doive avoir aucun égard aux titres de propriété, il est néanmoins des cas où ces titres influent sur la question de possession, et doivent être consultés; par exemple, lorsque la possession, pour autoriser la complainte, doit être fondée sur un titre, lorsqu'il s'agit de déterminer si le possesseur a possédé par lui-même ou au nom d'un tiers, ou lorsque l'une des parties, pour prouver sa jouissance annale, se prétend fondée à joindre à sa propre possession celle du précédent possesseur. »

491. Il est donc certain que le juge du possessoire a le droit de constater l'existence d'un titre, de l'interpréter au point de vue de la volonté et de l'esprit des parties quant à la possession transmise; c'est là un des moyens abandonnés au pouvoir discrétionnaire du juge, afin qu'il puisse rechercher le véritable possesseur. Cass. 14 juillet 1856, 28 novembre 1858, 21 janvier 1862, 8 août 1863, 11 et 16 janvier 1865.

492. Ainsi, lorsque le défendeur oppose à une action possessoire

qu'une plantation de bornes consentie amiablement par le demandeur l'a mis en possession du terrain litigieux, le juge de paix peut ordonner une enquête à l'effet de vérifier le fait de cette plantation, et apprécier, au point de vue de la possession, les conséquences de ce bornage ; ce n'est pas là de sa part cumuler le possessoire et le pétitoire. Cass., 3 août 1853.

493. Décidé de même que le juge du possessoire peut, sans cumuler le possessoire et le pétitoire, examiner et apprécier les titres invoqués par les parties pour déterminer les caractères légaux de la possession, surtout lorsque la production des titres est nécessaire à raison de la nature de la chose possédée, afin d'apprécier la précarité de la possession, et le juge du possessoire doit être réputé n'avoir examiné les titres invoqués qu'au point de vue purement possessoire. Cass., 16 janvier 1865 ; Jay, *Annales des j. de paix*, 1865, p. 410.

494. Mais le juge du possessoire ne pourrait statuer sur la question de la validité ou de la non-validité des titres ni disposer sur leur valeur juridique ; ce serait sortir des faits, des moyens possessoires ; ce serait statuer sur la propriété ou le fond du droit ; ce serait enfin cumuler le pétitoire et le possessoire. Cass., 23 mai 1838.

495. Ainsi, le juge du possessoire excède les limites de sa compétence, lorsque, au lieu de se borner à apprécier les caractères de la possession annale et l'existence de cette possession, il cherche et apprécie la possession ancienne, en détermine les effets, et en fait ressortir un droit préjugeant la question de propriété : il y a là cumul du possessoire et du pétitoire. Cass., 10 novembre 1845.

CHAPITRE XIII.

De l'introduction des actions possessoires; citation; instruction; de la déchéance; du séquestre; du jugement.

496. Toutes les affaires qui sont de la compétence des juges de paix s'introduisent devant eux par une citation donnée par un des huissiers du canton :

« La citation sera donnée devant le juge de la situation de l'objet litigieux, lorsqu'il s'agira des actions pour dommages aux champs, fruits et récoltes ; des déplacements de bornes, des usurpations de terres, arbres, haies, fossés et autres clôtures, commis dans l'année ; des entreprises sur les cours d'eau, commises pareillement dans l'année, et de toutes autres actions possessoires. » C. proc., art. 3.

497. Rien n'est plus simple que cette citation, dit Belime, *Act. poss.*, p. 445, dans laquelle le demandeur, après avoir énoncé le trouble, conclut à ce qu'il soit maintenu dans sa possession annale avec dommages-intérêts, et à ce qu'il soit fait défense à son adversaire de l'y troubler à l'avenir.

Mais nous croyons que la citation ainsi donnée ne serait pas toujours suffisamment précise. Nous sommes d'avis qu'elle doit énoncer la nature et la qualité de la possession, la désignation et la situation de l'objet litigieux, le fait qui constitue le trouble ou l'usurpation ; elle doit conclure ensuite, soit à la maintenue possessoire, si la demande est en complainte, soit à la restitution, s'il s'agit de réintégrande, soit enfin à la destruction des travaux, lorsque le demandeur procède par action en dénonciation de nouvel œuvre.

498. Si la possession ou le trouble sont déniés, le juge du possessoire devra en ordonner la preuve par témoins ; mais l'enquête qui sera ordonnée ne devra porter sur le fond du droit. C. proc., art. 24.

499. Lorsque, pour reconnaître et apprécier le mérite de la possession, la visite des lieux paraîtra nécessaire, le juge de paix se transportera sur les lieux contentieux, accompagné du greffier, qui devra apporter la minute du jugement préparatoire, et les témoins y seront entendus. *Ibid.*, art. 30 et 36.

500. Toutes les actions possessoires étant sujettes à appel, le greffier dressera procès-verbal de l'audition des témoins ; cet acte contiendra leurs noms, âge, profession et demeure, leur serment de dire vérité, leur déclaration s'ils sont parents, alliés, serviteurs ou domestiques des parties, et les reproches qui auraient été fournis contre eux. Lecture de ce procès-verbal sera faite à chaque témoin pour la partie qui le concerne ; il signera sa déposition, ou mention sera faite qu'il ne sait ou ne peut signer. Il sera procédé immédiatement au jugement, ou au plus tard à la première audience. *Ibid.*, art. 39.

501. Dans un grand nombre de cas, les juges de paix, s'autorisant de l'article 42 du même Code, ont l'habitude de nommer des experts chargés de les éclairer sur le fait caractérisant l'entreprise qui a donné ouverture à l'action possessoire, notamment lorsqu'il ne s'agit que d'une anticipation de quelques sillons dont les cultivateurs ont le plus grand soin de dissimuler les traces ; alors, le procès-verbal dressé sur les lieux doit mentionner l'avis des experts et constater le serment prêté par eux. Le procès-verbal sera aussi signé par les experts, et, s'ils ne savent ou ne peuvent signer, il en sera fait mention. *Ibid.*, art. 42.

502. Cet usage, dit Miroy, présente des inconvénients que l'expérience nous a révélés. Lorsque les experts sont choisis dans la localité où est le siége de l'action possessoire, il peut arriver que les experts, par suite de relations de famille, d'alliance, de camaraderie, qui lient les habitants des villages, se constituent les défenseurs des parties, et que, bien loin d'éclairer le juge, ils portent la perplexité dans son esprit et rendent douteux ce qui apparaissait d'abord avec quelque évidence. Le juge de paix doit donc, selon nous, s'abstenir de recourir, en matière possessoire, à ce genre d'instruction qui n'est plus pour lui qu'un embarras, lorsque les experts, oubliant leur mission, sortent du rôle qui leur est tracé par

la loi. D'ailleurs, la légalité de cette mesure nous paraît fort contestable. « Si l'objet de la visite ou de l'appréciation, porte l'art. 42, exige des connaissances qui soient *étrangères* au juge, il ordonnera que les gens de l'art, qu'il nommera par le même jugement, feront la visite avec lui et donneront leur avis. » Or, comment supposer que les connaissances qu'exigent la reconnaissance et l'appréciation d'une usurpation de terrain soient *étrangères* au juge de paix, au juge de paix des champs par excellence, qui compte au nombre de ses principales attributions le jugement des actions possessoires? Cela peut être, mais cela ne se suppose pas. Le juge de paix fera donc mieux de ne puiser les éléments de sa conviction que dans ses propres lumières, que dans le résultat des investigations auxquelles il se sera livré sur les lieux, qui lui offriront toujours quelques indices d'où la vérité doit nécessairement jaillir. En agissant ainsi, il ne déclinera point une responsabilité qui lui appartient, et il épargnera aux parties des frais qu'il est dans l'esprit de l'institution d'éviter. Miroy, *Act. poss.*, p. 338.

Cette opinion mérite assurément d'être prise en considération. Si, en effet, l'objet de la visite ou de l'appréciation, surtout en matière possessoire, n'exige que des connaissances familières au juge de paix, nul doute qu'il peut et doit procéder par lui-même à la visite et expertise ordonnées.

503. *De la récréance et du séquestre.* La récréance est une possession provisionnelle, accordée par le juge à l'une des parties pendant l'instance au pétitoire. Le séquestre est le dépôt qui est fait, soit par la volonté des parties, soit par l'ordre du juge, entre les mains d'un tiers, d'une chose dont la possession est contestée entre deux parties qui prétendent avoir un droit égal à la jouissance.

504. Sous l'empire de l'ancienne législation, lorsque, sur l'action en complainte, les deux parties justifiaient qu'elles étaient simultanément en possession de l'objet en litige, les tribunaux, dans le silence de la loi, usaient d'un pouvoir discrétionnaire, soit en renvoyant les parties à se pourvoir sur le pétitoire, soit en ordonnant le séquestre de l'objet litigieux, soit en accordant la récréance à celle des parties qui leur paraissait offrir plus de garantie. La Cour de cassation décide encore aujourd'hui que l'art. 1961 C. Nap., qui

permet aux juges d'ordonner le séquestre, est purement facultatif et que son application est subordonnée à l'importance de l'objet litigieux et aux considérations de fait dont l'application est confiée aux tribunaux. Cass., 14 nov. 1832.

505. De même, lorsque, en matière possessoire, les parties ont été admises, sur leurs demandes respectives, à faire la preuve de leur possession annale, il arrive que ni le demandeur ni le défendeur ne justifient suffisamment cette possession, le juge peut ordonner le séquestre de l'immeuble jusqu'au jugement de la question de propriété. Cass., 31 juil. 1838 et 11 fév. 1857.

506. Toutefois, comme l'art. 1961 C. Nap. dit seulement que la justice *peut* ordonner le séquestre d'un immeuble dont la possession est litigieuse entre deux ou plusieurs personnes, il en résulte que cet article ne fait pas de ce séquestre une mesure d'obligation pour le juge, qui a, au contraire, la faculté de l'ordonner ou de ne pas l'ordonner ; d'où il suit que, lorsque, sur une action possessoire intentée par un voisin contre l'autre, les parties ont été appointées en preuve, et qu'il résulte des enquêtes respectives qu'elles ont cumulativement et sans trouble exercé des actes de possession sur le terrain contesté, le juge peut les maintenir toutes deux dans cette possession, sans être tenu d'ordonner le séquestre de l'objet litigieux. Cass., 28 avril 1813.

507. Ou d'ordonner le *séquestre* ou la *récréance*, de sorte que la jouissance de l'objet litigieux reste indivise entre les parties jusqu'au jugement de la question de propriété. Cass., 6 nov. 1842.

508. Cette jurisprudence de la Cour souveraine a soulevé de vives critiques, notamment de la part M. Augier, *Encyclopédie des j. de paix*, t. Ier, p. 74 : « Nous ne saurions, dit-il, admettre une pareille doctrine, sous l'empire de la législation nouvelle. Le but de l'action possessoire est de se faire maintenir ou réintégrer dans la possession que l'on a depuis une année au moins (C. proc., art. 23). Mais, quand il est reconnu que cette possession annale a été commune aux deux parties, lorsque, par conséquent, les droits des deux parties sont égaux, la récréance, c'est-à-dire la possession provisionnelle accordée à l'une au détriment de l'autre, nous paraît une double violation des principes qui régissent la matière. La pos-

session est un mode d'acquérir par prescription. Or le possesseur communiste à qui l'on adjuge la récréance prescrit plus qu'il n'a possédé, puisqu'il ne possédait qu'à moitié et qu'il obtient la totalité. D'une autre part, celui qui a possédé en commun pendant un an a prescrit cette possession commune; il y a droit jusqu'à ce que la question de propriété ait été vidée, et on ne peut la lui enlever sans détruire le principe fondamental de notre législation sur les actions possessoires.

« En vain alléguerait-on les inconvénients de cette possession commune. Si ces inconvénients eussent été bien graves, celle des deux parties dont la possession était la plus ancienne n'aurait pas laissé écouler une année sans se plaindre. D'ailleurs, l'art. 1961 C. Nap. donne aux juges la faculté d'ordonner le séquestre, et cette mesure réunit le double avantage de ne pas léser l'intérêt d'une partie au bénéfice de l'autre, et surtout de ne rien préjuger sur les droits de chacune d'elles à la propriété du fonds litigieux, droits dont l'appréciation est sévèrement interdite au juge du possessoire. »

509. Mais la Cour de cassation n'en persiste pas moins à décider que si le juge ne peut, après enquête et vue des lieux, reconnaître à laquelle des deux parties appartient la possession annale du terrain litigieux, il a la faculté de renvoyer celles-ci à se pourvoir au pétitoire, soit purement et simplement, soit en ordonnant le *séquestre*, ou en accordant la *récréance*, jusqu'après le jugement sur le pétitoire. Cass., 5 nov. 1860.

510. Cette décision a été, de la part de M. Dutruc, l'objet d'intéressantes et remarquables observations insérées dans le *Recueil général des lois et arrêts*, année 1861, p. 17, que nous croyons devoir reproduire en les empruntant à ce recueil, parce qu'elles sont une réponse péremptoire à la grave critique ci-dessus de M. Augier.

« Dans l'ancienne jurisprudence, dit M. Dutruc, comme sous notre législation actuelle, des doutes fort sérieux ont été élevés touchant le point de savoir si, lorsque les parties qui plaident au possessoire ne fournissent à la possession à laquelle elles prétendent respectivement que des preuves insuffisantes ou qui se neutralisent, le juge peut les renvoyer à se pourvoir au pétitoire, soit purement ou simplement, soit en ordonnant le séquestre de l'immeuble litigieux jusqu'après le jugement au pétitoire, ou en accordant, pendant le même temps, la récréance ou possession provisionnelle à l'une des parties.

« Dans l'origine, la récréance n'avait lieu qu'en matière bénéficiaire (Denizart, v° *Récréance*, n° 1) ; elle était adjugée sur le vu des titres et sans enquête (Rebuffe, *De sent. execut.*, art. 1, glos. 8), et elle ne conférait à l'un des plaideurs la jouissance provisoire que jusqu'à la sentence de pleine maintenue. (Jousse, *Comment. sur l'ordonn. de* 1667, t. Ier, p. 214.)

« L'emploi de cette mesure fut-il plus tard étendu à toutes les instances possessoires? Le témoignage de Pothier ne permet guère d'en douter. « Lorsque les enquêtes sont contraires, dit le célèbre jurisconsulte (*Traité de la possession*, n° 105), de manière que le juge ne puisse connaître laquelle des parties qui se disputent la possession de l'héritage a cette possession, le juge, en ce cas, sans rien statuer sur la possession, ordonne que les parties instruiront au pétitoire ; et l'héritage sera déclaré appartenir à celle des parties qui, sur l'instance au pétitoire, aura le mieux établi son droit de propriété. Quelquefois le juge ordonne que la possession sera séquestrée pendant le procès sur le pétitoire. Quelquefois le juge accorde la récréance à l'une des parties, c'est-à-dire une possession provisionnelle pendant le procès au pétitoire. Cette récréance n'a d'autre effet que de donner à la partie à laquelle elle a été accordée le droit de jouir de l'héritage contentieux pendant le procès au pétitoire, à la charge d'en rendre compte à l'autre partie, dans le cas où cette partie obtiendrait gain de cause au pétitoire. »

« Ainsi, d'après Pothier, le juge saisi du possessoire, et qui, à cette époque, était le même que celui qui devait statuer sur le pétitoire, pouvait, en cas de doute sur les prétentions respectives des parties à la possession, s'abstenir de prononcer à cet égard, et renvoyer les litigants à instruire au pétitoire, avec faculté de prescrire le séquestre ou d'accorder la récréance de l'immeuble en litige. V. aussi, relativement au séquestre, Jousse, *loco cit.*

« Cependant quelques auteurs, muets sur la récréance, refusaient au juge le pouvoir de laisser la question de possession indécise, même sous la condition du séquestre, jusqu'au jugement sur le pétitoire. Rodier, sur l'art. 5, tit. XVIII de l'ordonn. de 1667 ; Bourjon, *Dr. comm. de la Fr.*, t. II, p. 512 ; Duparc-Poulain, *Princip. du dr.*, t. X, p. 693, n° 10. Le juge devait, en pareil cas, selon ces auteurs, débouter le demandeur de son action, par application de la maxime : *Actore non probante, reus absolvitur ;* à moins toutefois, disait Duparc-Poulain, que le défendeur n'eût reconventionnellement demandé lui-même à être maintenu en possession, circonstance qui lui paraissait autoriser le juge à ordonner le séquestre et à renvoyer les parties à procéder au pétitoire.

« Sous le droit nouveau, divers jurisconsultes ont soutenu aussi que la faculté pour le juge du possessoire de se soustraire à l'embarras d'une décision sur les prétentions également incertaines, par le renvoi des parties au pétitoire, même en ordonnant le séquestre ou en accordant la récréance, ne saurait se concilier avec le caractère de l'action possessoire qui, aujourd'hui surtout que la connaissance en est attribuée à un juge spécial, doit être nécessairement jugée en dehors de toute influence du pétitoire, et dont la solution ne peut, sans déni de justice et en même temps sans violation des principes de la matière, être ajournée jusqu'au jugement de la question de propriété. *Sic :* MM. Belime, *Dr. de possess.*, n. 398 et s.; Carou, *Act. possess.*, n. 632 et 633 ; Bugnet, sur Pothier, *loc. cit.*, notes 3 et 5 ; Chauveau sur Carré, *Lois de la proc.*, quest. 111 ; Joccoton, *des Actions*, n. 163 ; Alauzet, *de la Possess.*, p. 267 ; Massé et Vergé, sur Zachariæ, t. II, p. 93, note 6 sur le § 287. — Selon M. Belime, le juge de paix doit, si les deux parties justifient de faits de possession entièrement semblables, les maintenir indivisément en jouissance. MM. Carou et Chauveau expriment la même opinion, en ajoutant que si aucune des parties ne prouve sa possession, le demandeur doit succomber, sans qu'il faille distinguer, comme l'enseignait Duparc-Poulain, si le défendeur a ou non opposé à l'action une demande reconventionnelle. Quant à MM. Massé et Vergé, ils estiment que le devoir du juge de paix est de statuer dans tous les cas sur le litige qui lui est soumis, sans pouvoir attribuer la possession aux deux litigants, parce que jamais, suivant eux, il ne saurait y avoir deux possessions tellement égales qu'il soit impossible de donner la préférence à l'une ou à l'autre. — Mais le plus grand nombre des jurisconsultes se sont prononcés en faveur de la doctrine de Pothier. *V.* MM. Henrion de Pansey, *Compét. du juge de paix*, ch. XLVIII ; Poncet, *Actions*, n. 59 ; Favard de Langlade, *Rép.*, v° *Complainte*, sect. Ire, § 5, n. 11 ; Pigeau, *Comment. Cod. proc.*, t. I, p. 72 ; Thomine-Desmazures, *ibid.*, n. 46 ; Carré, *loc. cit.;* Curasson, *Compét. des juges de paix*, 2e édit., t. II, p. 392 ; Garnier, *de la Possess.*, 3e édit., p. 69 (qui avait d'abord admis l'opinion contraire) ; Berriat-Saint-Prix, *Cours de proc. civ.*, 7e édit., t. I, p. 124, note 26 ; Delzers, *ibid.*, sur l'art 24 ; Troplong, *Prescr.*, t. I, n. 329 ; Rodière, *Proc. civ.*, t. I, p. 96 ; Allain, *Man. encycl. des juges de paix*, t. II, n. 1497 ; Jay, *Dic. des just. de paix*, vis *Action possess.*, n. 251 et s., et *Séquestre*, n. 4. Toutefois, quelques-uns de ces jurisconsultes n'admettent pas d'une manière absolue la faculté pour le juge de paix de renvoyer les parties au pétitoire et d'ordonner le séquestre ou d'adjuger la récréance en cas de doute sur le droit à la possession. — Ainsi, d'après Favard et Carré, le séquestre ne saurait être ordonné lorsque, le défendeur se bornant à dénier la possession alléguée par le demandeur, l'enquête qui serait faite à la requête de celui-ci seulement ne prouverait rien en sa faveur, et il ne pourrait y avoir lieu à cette mesure qu'autant que les deux parties, élevant l'un et l'autre des prétentions à la possession, n'apporteraient que des preuves insuffisantes ou qui se balanceraient. Dans cette dernière hypothèse, du reste, aux yeux de ces deux auteurs, dont l'opinion, comme on le voit, se rattache au système de Duparc-Poulain, le séquestre est purement facultatif, et le juge de paix peut, au lieu de l'ordonner, soit renvoyer simplement les parties au pétitoire, soit les maintenir respectivement en possession du terrain litigieux. — Suivant Curasson, il faut distinguer entre le cas de la réintégrande et celui de la complainte. Dans le premier, le demandeur, obligé de prouver la possession qu'il prétend recouvrer, doit, à défaut de cette preuve, être débouté purement et simplement ; mais s'il est démontré que la possession est égale de part et d'autre, les deux parties doivent être considérées comme possédant en commun et obtenir toutes deux la maintenue en possession ; comme aussi le juge peut alors adjuger la possession à celle des parties qui, d'après les titres, est censée avoir joui seule *animo domini*. La récréance, en pareil cas, ne pourrait être accordée que si le défendeur avait reconventionnellement conclu à être lui-même maintenu en possession. Dans la seconde hypothèse, s'il résulte de l'enquête ou de la visite des lieux que la possession annale n'appartient à aucune des parties, le juge, bien que le défendeur ne forme pas de demande reconventionnelle, ne doit pas débouter le demandeur (ce qui, dans la pensée de Curasson, impliquerait l'attribution de la possession au défendeur, auteur du trouble), mais renvoyer les parties au pétitoire en prononçant le séquestre ou la récréance. — M. Garnier pense, au contraire, que toute distinction est inadmissible, et que la faculté d'ordonner le séquestre ou d'adjuger la récréance appartient au juge de paix dans tous les cas, c'est-à-dire même en l'absence de conclusions reconventionnelles de la part du défendeur à l'action en complainte ou en réintégrande. « Sans doute, dit cet auteur, le demandeur qui n'a pas établi sa possession doit succomber dans son action possessoire proprement dite; il ne doit avoir ni l'avantage de faire les fruits siens, ni celui d'être réputé propriétaire sans avoir plus rien à prouver, et jusqu'à ce que son adversaire ait établi sa propriété, soit par titre, soit par prescription; mais rien n'empêche le juge, tout en repoussant la complainte, d'ordonner un séquestre lorsque, soit par la visite des lieux et les enquêtes respectives, soit par l'enquête du demandeur seulement, il reconnaît que les actes de possession sont d'égale valeur des deux parts, ou qu'il n'y en a aucun. » Du reste, ce que M. Garnier pense du séquestre, il l'applique à la récréance, qui, dit-il, n'est qu'un séquestre approprié aux actions possessoires. — La plupart des autres auteurs mentionnés ci-dessus, quoique moins explicites, semblent adopter cette dernière interprétation.

« Quant à la jurisprudence, elle a consacré d'une manière formelle le pouvoir pour le juge de paix de prononcer, en cas de doute sur les droits respectifs des parties à la possession, soit le renvoi pur et simple au pétitoire, soit le séquestre ou la récréance jusqu'au jugement de la question de propriété, mais sans adopter spécialement aucune des doctrines émises, tant dans l'ancien que dans le nouveau droit, sur les conditions de ce pouvoir. — La Cour de cassation a jugé d'abord, ce qui est à peu près universellement admis (V. cependant M. Curasson, *loc. cit.*), que le séquestre ni la récréance ne sont, en pareil cas, jamais obligatoires, et que si le juge du possessoire peut y recourir, il lui appartient également d'adjuger la possession d'une manière définitive, soit aux deux parties concurremment, par indivision ou dans une proportion respectivement déterminée, soit à celle qui justifie le mieux de son droit à la propriété par la production de titres qu'il est permis au juge de paix de consulter en vue de l'appréciation du caractère de la possession. *V.* arrêts des 28 avr. 1813 ; 16 janv. 1821 ; 19 juill. 1830; 9 août 1836 (t. I, 1837, p. 116), et 13 nov. 1839 (t. II, 1840, p. 73). — Que si le juge de paix ne croit pas pouvoir ainsi attribuer définitivement la possession aux parties ou à l'une d'elles, la Cour de cassation ne lui fait pas encore une obligation d'ordonner le séquestre ou d'accorder la récréance : il peut, ou renvoyer simplement les parties au pétitoire (arrêt du 17 mars 1819), ou, sans prononcer ce renvoi, rejeter la demande, ce qui n'implique nullement l'attribution de la possession au défendeur à l'exclusion du demandeur (arrêt du 23 juill. 1834). — Enfin, quand le juge de paix préfère mettre un terme au conflit dont la possession est l'objet entre les parties, en prescrivant le séquestre ou en accordant la récréance, il peut, d'après la jurisprudence de la Cour suprême, employer l'un ou l'autre de ces deux moyens indifféremment, aussi bien dans le cas où les parties justifient d'une possession simultanée (arrêt du 14 nov. 1832), que dans celui où elles échouent l'une et l'autre dans leur preuve de possession annale (arrêts des 31 juill. 1838 [t. I, 1841, p. 304] ; 16 nov. 1842 [t. I, 1843, p. 115] ; 11 fév. 1857 [1858, p. 188]). — Mais cette jurisprudence restreint-elle, comme le font quelques auteurs, ainsi qu'on l'a vu, le droit du juge de paix de prononcer le renvoi des parties au pétitoire, soit purement et simplement, soit avec séquestre ou récréance, à l'hypothèse d'une demande reconventionnelle de maintenue en possession opposée par le défendeur à l'action formée contre lui? Aucun arrêt ne s'est formellement prononcé sur ce point ; mais tous ceux que nous venons de citer sont intervenus dans des espèces où les parties prétendaient l'une et l'autre à la possession et où il y avait eu enquête et contre-enquête. A la vérité, l'arrêt de la Cour de cassation du 16 nov. 1842 juge que le séquestre ou la récréance peuvent être ordonnés, alors même que le défendeur n'a pas demandé, par des conclusions expresses, à faire preuve de sa possession mais cet arrêt suppose en même temps que le défendeur a néanmoins fait procéder à une contre-enquête. De telle sorte qu'il semble permis de douter que la Cour de cassation se prononçât de la même manière dans le cas où le défendeur se bornerait à contester la possession du demandeur, sans élever lui-même aucune prétention à la possession. — L'arrêt que nous rapportons actuellement, et qui, rendu dans les mêmes circonstances que les autres décisions susmentionnées de la Cour de cassation, ne fait que confirmer la jurisprudence antérieure de cette Cour, laisse, selon nous, subsister le même doute sur le dernier point que nous venons de relever.

« Nous croyons, au surplus, que les règles posées en cette matière par la Cour suprême sont celles qui s'harmonisent le mieux avec l'esprit de notre législation. Refuser au juge de paix, lorsque les parties qui se disputent la possession d'un immeuble produisent des preuves égales de cette possession ou ne rapportent ni l'une ni l'autre aucune preuve, le droit de les renvoyer au pétitoire, soit purement et simplement, soit en prononçant le séquestre ou la récréance, sous le prétexte qu'une telle décision subordonnerait le possessoire au pétitoire et constituerait d'ailleurs un déni de justice, c'est méconnaître complétement le caractère des mesures dont il s'agit. Ces mesures, qu'on le remarque bien, ne sont pas, en réalité, l'objet principal de la décision. Le juge de paix, quand il les prescrit, ne se borne pas à se dessaisir d'une contestation embarrassante, sans y statuer. Il ne les prescrit, au contraire, qu'accessoirement à la solution de cette contestation, solution qui n'est autre que le rejet exprès ou implicite de la demande, ou même tout à la fois des prétentions contraires des deux parties. En prononçant le renvoi au pétitoire, accompagné ou non du séquestre ou de la récréance, le juge du possessoire décide virtuellement, ou que le demandeur, aux preuves duquel le défendeur oppose des preuves égales, ne justifie pas de la possession exclusive par lui alléguée, et ne peut, dès lors, être maintenu dans cette possession, ou que les deux parties, qui ne fournissent de preuves ni l'une ni l'autre, sont respectivement sans droit à cette même maintenue. Il est vrai qu'au temps de Pothier, le juge saisi d'une action possessoire s'abstenait de statuer sur la possession lorsque, en présence d'enquêtes contraires, il ordonnait aux parties d'instruire au pétitoire ; mais alors, comme nous l'avons déjà rappelé, le juge du possessoire était également celui du pétitoire, et la distinction entre les deux sortes de contestations était loin d'être aussi marquée qu'aujourd'hui. Dans notre droit actuel, le juge appelé à statuer sur une action possessoire ne peut, sous aucun prétexte, éluder cette décision, et encore une fois, le renvoi au pétitoire prononcé par lui n'est qu'une suite du rejet de la prétention, soit du demandeur seul, soit des deux parties. Aussi la Cour de cassation a-t-elle décidé, par son arrêt précité du 31 juillet 1838, que dans le cas où ni l'une ni l'autre des parties ne prouve sa possession, elles doivent être considérées comme succombant toutes deux, et que par suite les dépens peuvent être compensés entre elles, et reconnaît-elle également dans son arrêt aussi précité, du 14 fév. 1857, ainsi que dans celui du 5 nov. 1860, que la disposition du jugement sur le possessoire qui déclare la possession douteuse et prononce le renvoi des parties au pétitoire, implique que la demande n'est pas justifiée. De là, l'arrêt du 5 juin 1860 conclut, en outre, avec raison, que le demandeur est sans intérêt à se plaindre de la condamnation aux dépens de l'instance possessoire prononcée dès à présent par le juge saisi de cette instance, contre celle des parties qui succombera au pétitoire. Comment, en effet, cette condamnation lui ferait-elle grief, alors qu'elle aurait pu être prononcée immédiatement contre lui?

« Si, comme nous venons de le dire, le renvoi au pétitoire suppose une décision définitive sur la question de possession, il est évident que rien ne saurait s'opposer à ce que le juge de paix le prononce, soit purement et simplement, soit avec *séquestre* ou *récréance*, dans les circonstances signalées plus haut, et que le défaut de preuves de la part des deux parties ne fait nullement un devoir à ce juge d'appliquer simplement la maxime : *Actore non probante*, ainsi que la Cour de cassation l'a proclamé par ses arrêts précités des 31 juillet 1838 et 16 nov. 1842. Mais nous pensons que cette maxime doit recevoir son application pure et simple, au cas du doute sur la possession, si le défendeur, se bornant à dénier celle qu'invoque le demandeur, n'en revendique aucune pour lui-même... »

511. *Jugement.* Le défendeur au possessoire ne peut se pour-

voir au pétitoire qu'après que l'instance sur le possessoire a été terminée : il ne peut, s'il a succombé, se pourvoir qu'après qu'il a pleinement satisfait aux condamnations prononcées contre lui. — Si néanmoins la partie qui les a obtenues est en retard de les faire liquider, le juge du pétitoire peut fixer, pour cette liquidation, un délai, après lequel l'action au pétitoire sera reçue. C. proc., art. 27.

512. La disposition ci-dessus, qui ne permet pas à celui qui a succombé au possessoire de se pourvoir au pétitoire, avant d'avoir exécuté les condamnations prononcées contre lui, n'est pas applicable au cas de la reprise d'un procès autrefois pendant au pétitoire et demeuré suspendu pendant l'instance au possessoire. Riom, 29 juin 1809; Carré, t. Ier n° 130.

513. Lorsque le désistement d'une action possessoire n'a pas été accepté par le défendeur, ou qu'il n'en a pas été donné acte par le juge, l'action possessoire n'est pas légalement vidée ; par suite, le demandeur est non recevable à former une action pétitoire. Cass., 3 mars 1836.

514. Mais il en est autrement du demandeur, il peut, en se désistant de son action possessoire, se pourvoir au pétitoire avant qu'il ait été statué sur le pétitoire. La loi, en effet, interdit au défendeur sur le possessoire de former l'action au pétitoire avant que le possessoire ait été jugé, mais elle ne s'explique pas ainsi à l'égard du demandeur ; or, ce qui n'est pas défendu est permis. D'ailleurs, il y a une raison bien sensible de différence entre eux : la possession ne peut pas rester incertaine, elle doit être avouée ou jugée avant l'action au pétitoire ; le demandeur au possessoire qui, dans le cours de l'instruction, forme l'action de propriété, abandonne, par là, celle relative à la simple possession annale, et avoue, par conséquent, que cette possession appartient à son adversaire ; or, cette induction ne peut être la même à l'égard du défendeur au possessoire, puisque ce n'est pas lui qui a formé l'action ; dès lors, on ne peut pas dire qu'il l'abandonne : ainsi, à son égard, il faudrait consentement formel de sa part au jugement, pour éviter le cumul que la loi défend. Cass., 8 décembre 1809.

515. La règle que le défendeur au possessoire, qui a succombé, ne peut se pourvoir au pétitoire qu'après avoir pleinement satisfait

aux condamnations contre lui prononcées, est opposable à l'acquéreur de l'objet litigieux, si son titre d'acquisition n'a été passé ou acquis date certaine que depuis le jugement de condamnation ; peu importe que la vente ait été réellement consentie antérieurement : le jugement possessoire n'en a pas moins effet en ce cas contre l'acquéreur. Cass., 30 nov. 1840.

516. N'est pas réputé avoir satisfait au jugement possessoire obtenu contre lui, celui qui, après avoir opéré la destruction d'ouvrages ordonnée par le jugement, recommence une entreprise en tout semblable à la première. En conséquence, l'action possessoire par lui intentée ne doit pas être admise tant que les lieux ne sont pas remis par lui dans l'état prescrit par le jugement possessoire. Bourges, 22 janvier 1839.

517. L'action pétitoire pendante devant un tribunal de première instance ne fait pas obstacle à l'introduction d'une action possessoire, lorsque les faits de trouble sont postérieurs à la première action, et ont été exercés sur une autre partie de l'immeuble litigieux. Cass., 17 avril 1837.

518. De même pour l'action possessoire postérieurement intentée par le défendeur au pétitoire pour raison d'un trouble qui a précédé l'action pétitoire. Cass., 8 avril 1823, 30 mars 1830.

519. Ces décisions sont juridiques : s'il est vrai, en effet, que celui qui saisit de l'action pétitoire le tribunal compétent pour le juger s'est constitué *demandeur*, et qu'à ce titre on doive lui appliquer dans toute sa rigueur la disposition de l'art. 26 du Code de procédure, parce que c'est au seul fait de sa demande que la loi attache la présomption qu'il a reconnu la possession du défendeur, prescription d'où dérive la défense qu'elle lui fait de former l'action possessoire, il n'en résulte pas que le défendeur à cette dernière action le soit également.

520. Nous pouvons appuyer notre opinion sur la maxime : *Spoliatus ante omnia restituendus*, et sur l'art. 26 ci-dessus cité du C. proc., qui, en déclarant le demandeur seul non *recevable* à agir au possessoire, suppose au défendeur le droit de former cette dernière action.

Vainement a-t-on cru pouvoir opposer que cette partie serait *sans intérêt*. L'objection ne saurait l'emporter sur l'argument que nous venons de tirer de l'art. 26, qui ne garde le silence, relativement au défendeur, qu'en considération de la faveur spéciale que la loi accorde à l'action possessoire d'être, en tous les cas où il n'y a ni renonciation expresse ni renonciation tacite, jugée avant l'action *pétitoire*.

Au reste, est-il bien exact de considérer le défendeur au pétitoire comme étant sans intérêt à se pourvoir au possessoire? N'a-t-il pas, au moins, ses dommages-intérêts à réclamer, à raison du trouble ou de la dépossession ? Et cette réparation ne pouvant lui être accordée que par suite de l'action possessoire, qui ne peut être portée que devant le juge de paix, ne serait-il pas injuste qu'il dépendît du demandeur au pétitoire de lui enlever l'exercice de ce droit ?

Vainement encore objecterait-on que, si le défendeur au pétitoire pouvait intenter l'action possessoire, il y aurait cumulation des deux actions.

Nous répondons qu'il ne peut y avoir cumulation qu'autant que chacune des actions serait formée par la même partie. Or, dans l'espèce de la présente question qui nous occupe, ce n'est pas le demandeur, c'est le *défendeur* au pétitoire qui agirait au possessoire ; et d'ailleurs il serait sursis au jugement du pétitoire, parce que, encore une fois, il est dans l'esprit, dans le vœu de la loi, que le possessoire soit toujours jugé de préférence.

TABLE DES MATIÈRES.

Paris. — Impr. Paul Dupont, rue Jean-Jacques-Rousseau, 41 (Hôtel des Fermes).

Printed in Dunstable, United Kingdom

91221352R00121